# Der Ultimative Ernährungsratgeber Für Kraftsportler:

# Maximiere Dein Potenzial

Von

**Joseph Correa**

*Zertifizierter Sport-Ernährungsberater*

# COPYRIGHT

© 2016 Finibi Inc

Alle Rechte vorbehalten

Vervielfältigungen oder Übersetzungen jedweder Teile dieses Werkes, die über die Genehmigung des Artikels 107 oder 108 des United States Copyright Acts aus dem Jahr 1976 hinausgehen, sind gesetzeswidrig.

Diese Publikation soll präzise und zuverlässige Informationen bezüglich des zu vermittelnden Themas darbieten.

Sie wird mit dem Verständnis verkauft, dass weder der Autor noch der Verleger medizinische Ratschläge erteilen. Sollte medizinischer Rat erforderlich sein, wenden Sie sich bitte an einen Arzt. Dieses Buch ist als Handbuch gedacht und sollte in keiner Weise genutzt werden, die schädlich für Ihre Gesundheit ist. Konsultieren Sie einen Mediziner bevor Sie diesen Ernährungsplan beginnen, um sicher zu gehen, dass der Plan der richtige für Sie ist.

## DANKSAGUNG

Die Realisierung und der Erfolg dieses Buches wäre nicht ohne die Motivation und Unterstützung meiner Familie möglich gewesen.

# Der Ultimative Ernährungsratgeber Für Kraftsportler:

# Maximiere Dein Potenzial

Von

## Joseph Correa

*Zertifizierter Sport-Ernährungsberater*

## INHALT

Copyright

Danksagung

Über den Autor

Wozu dieser Ernährungsratgeber?

EINFÜHRUNG

Motivation durch Notwendigkeit

KAPITEL 1: Der Ultimative Ernährungsratgeber Für Kraftsportler: Maximiere Dein Potenzial

KAPITEL 2: Essen, schlafen, atmen – dein Weg zu einem schlankeren Körper

*Deine Geheimwaffe Ruheumsatz*

KAPITEL 3: In Form kommen – 24 Stunden am Tag

*Den Stoffwechsel beschleunigen um die Leistung zu verbessern*

KAPITEL 4: Bessere Leistung durch Antioxidantien

Verändere deinen Lebensstil jetzt, um nachhaltige Ergebnisse und schnellere Erholungszeiten zu erlangen

KAPITEL 5: Du bist was du isst.

*Verpflichte dich, deinen Körper und Geist zu verbessern*

KAPITEL 6: Das Geheimnis, die besten Muskeln aller Zeiten zu haben

*Hol dir das Aussehen, das du wirklich willst*

## ÜBER DEN AUTOR

Als zertifizierter Ernährungsberater und professioneller Athlet bin ich um die Welt gereist und habe mich dem Wettberwerb gegen andere gestellt. Die Möglichkeit das, was ich gelernt habe und woran ich glaube, zu teilen, ist mir sehr wichtig. Mein Wissen und meine Erfahrungen haben meinen Studenten über die Jahre hinweg geholfen. Je mehr du über das Spiel weißt, desto besser wirst du sein. Um erfolgreich im Kraftsport zu sein, musst du eine starke kardiovaskuläre Basis haben um dein Herz zu schützen aufgrund des permanenten Drückens, Ziehens und Dehnens.

Beim Kraftsport brauchst du Stärke, Kraft, Flexibilität und Durchhaltevermögen um zu gewinnen. Ernährung ist ein wesentlicher Teil des Siegens und das ist es, worum es in diesem Buch geht.

## WOZU DIESER ERNÄHRUNGSRATGEBER?

Als Sport-Ernährungsberater und professioneller Athlet habe ich unzählige Bücher über Ernährung studiert, um mein volles Potenzial im Wettbewerb ausschöpfen zu können. Dabei musste ich feststellen, dass viele dieser Bücher Lösungen in Form von Nahrungsergänzungsmitteln und Wachstumsformeln vorschlagen, worum es in diesem Buch jedoch nicht gehen soll. Wenn du eine kurzfristige und einfache Ernährungslösung suchst, ist dies nicht das richtige Buch für dich! Dieses Buch ist für Leute gedacht, die nachhaltige und effektive Ergebnisse auf natürliche Art und Weise erzielen möchten, welche nicht mit Nebenwirkungen oder Problemen Jahre später einhergehen. Natürlich kannst du Nahrungsergänzungsmittel und leistungs-steigernde Substanzen zu dir nehmen, aber diese wurden nicht auf natürliche Weise hergestellt und sind daher nicht ideal für den Körper. Es gibt natürliche Wege, deinen Körper zu ernähren und großartige Ergebnisse ohne gesundheitliche Enttäuschungen in der Zukunft zu erhalten. Ich will für meinen Körper die beste Ernährung und du solltest das auch wollen. Nachdem ich auf einer Reise meine bevorzugte Ernährungsumgebung in einem kleinen Dorf in Südamerika gefunden habe entschloss ich mich, deren Essgewohnheiten zu adaptieren und meinen Bedürfnissen als Athlet anzupassen. Das ist es, was du in diesem Buch erhälst.

Wenige Ernährungsratgeber betrachten eine reale Population, die diese Ernährungsmethoden bereits seit Jahrhunderten nutzen. Alle Athleten sollten sich den Vorteil dieses Wissens, welches einen so nachhaltigen Erfolg hat, zu Nutze machen.

Für eine Gruppe von Leuten ist es eine erstaunliche Leistung, über 100 Jahre alt zu werden und immer noch so lebhaft und athletisch zu sein, wie es die Menschen von Vilcabamba sind – ohne dabei ernsthafte gesundheitliche Probleme zu haben. Aus diesem Grund basiert ein Großteil der Erkenntnisse in diesem Buch auf deren Sicht zur Ernährung. Eine Lebensweise basierend auf frischem Essen und moderaten Portionen einhergehend mit TÄGLICHEN Übungen wird dir helfen, einen besseren Lebensstil über Jahre hinweg zu erhalten.

Die folgenden Seiten werden dir helfen zu realisieren, wie leicht es sein kann, diesem Ernährungsratgeber zu folgen und deinen Ruheumsatz zu erhöhen. In Verbindung mit regelmäßiger und täglicher Übung zum Muskelaufbau wirst du Auswirkungen auf deine Gesundheit bemerken; als Ergebnis warten eine klarere Haut, ein besseres Verdauungssystem und Vorbeugung vieler Krankheiten wie Bluthochdruck, Diabetes, Krebs oder vielen andere. Des Weiteren kann es möglich sein, Verbesserungen bereits bei bestehenden Erkrankungen zu erzielen, um so die Dosierung und Menge benötigter Medikamente zu reduzieren – einfach durch gesündere Ernährung und regelmäßigem Training.

Seien wir ehrlich: Wir wollen alle länger leben, aber auch weiterhin produktiv sein in unseren späteren Jahren! Macht es daher nicht Sinn, sich daran zu orientieren, was ein kleines Dorf in einer sauerstoffarmen, von der Gesundheitsversorgung abgeschnittenen Gegend fernab von Fast Food bereits seit Jahrhunderten mit herausragendem Erfolg praktiziert? Viel Erfolg und hab Spaß dein Leben zum Besseren zu ändern!

Dieses Buch und seine Übungen sind der Schlüssel zu deinem Erfolg. Joseph Correa, ein zertifizierter Sport-Ernährungsberater und professioneller Athlet hat sich selbst dem Ziel verschrieben, seine Leistung durch bessere Ernährung und Qualität seines Trainings zu erhöhen. Durch sein umfangreiches Wissen und seine Erfahrung ist er überzeugt von der Bedeutung richtiger Ernährung und Übungen.

Dieses Handbuch wurde als leicht zu folgende Schritt-für-Schritt Anleitung entwichelt, um dir zu helfen in Form zu kommen. Um das meiste heraus zu holen, folge den folgenden Schritten:

Lies zunächst alle Kapitel der Reihe nach. Lasse kein Kapitel aus, da du sonst Gefahr läufst wichtige Hinweise zu verpassen, welche die Vorteile für deine Gesundheit maximieren können.

Zweitens, schreibe deine täglichen und monatlichen Ernährungsziele nieder basierend auf den Hinweisen in diesem Buch.

Lies das Buch anschließend erneut, um dir die wertvollen Inhalte nachhaltig einprägen zu können.

Viertens, NIMM DIESES BUCH ÜBERALL HIN MIT, SO DASS DU ES ZUR HAND HAST, WENN DU TRAINIERST ODER ETWAS NACHSCHLAGEN MÖCHTEST.

# EINFÜHRUNG

Der Ultimative Ernährungsratgeber Für Kraftsportler wird dich lehren deinen Ruheumsatz zu erhöhen, deinen Stoffwechsel zu regulieren und deinen Körper zum Guten zu verändern. Du wirst lernen, wie du fit wirst und dein Idealgewicht erreichst, um bestmögliche Leistungen erbringen zu können. Durch den Verzehr von komplexen Kohlenhydraten, Proteinen und natürlichen Fetten in der richtigen Menge und Prozentzahl, einhergehend mit einem höheren Ruheumsatz, wirst du schneller, agiler und widerstandsfähiger werden.

Dieses Buch wird dir helfen:

-Weniger Krämpfe zu bekommen.

-Dich seltener zu verletzen.

-Dich schneller nach einem Wettkampf oder Training zu erholen.

-Mehr Energie vor, während und nach einem Wettkampf zu haben.

Durch richtige Ernährung und eine Verbesserung in der Art, wie du deinen Körper nährst, wirst du auch Verletzungen reduzieren und in Zukunft weniger anfällig hierfür sein. Zu dick und zu dünn zu sein sind zwei weitverbreitete Gründe für Verletzungen und die Hauptgründe dafür, dass Athleten Probleme haben ihr volles Leistungspotenzial auszuschöpfen. Drei mögliche Ernährungspläne werden im Detail erklärt. Du kannst wählen, welche Option die beste für dich ist in Abhängigkeit von deiner allgemeinen körperlichen Verfassung. Eine der ersten Veränderungen, die die Menschen, die diesen Ernährungsplan starten, sehen, ist Ausdauer. Sie werden weniger müde und haben mehr Energie. Jeder Athlet, der in der besten Form seines Lebens sein will, sollte dieses Buch lesen und anfangen nachhaltige Veränderungen zu machen, die ihn dort hin bringen, wo er hin will. Egal wo du gerade stehst oder was du machst, du kannst dich immer verbessern.

Joseph Correa ist ein zertifizierter Sport-Ernährungsberater und professioneller Athlet.

## MOTIVATION DURCH NOTWENDIGKEIT

Ich habe die Theorie, dass wir die meisten Dinge im Leben, die wichtig für unsere Entwicklung als Mensch sind, aus Notwendigkeit tun, nicht weil wir es wollen (zumindest trifft es auf die meisten von uns zu). Die Höhlenmenschen beispielsweise hatten früher keine Wahl – wenn sie etwas essen wollten mussten sie jagen oder Nahrungsmittel anbauen mit dem, was ihnen zur Verfügung stand.

Wir verspüren das Bedürfnis gesund zu sein. Wir verspüren das Bedürfnis besser auszusehen. Wir verspüren das Bedürfnis länger zu leben, in der bestmöglichen Verfassung. Dies sind alles Bedürfnisse, die wir verspüren, weil es in unserer Natur liegt.

Die Motivation zu haben, diesen Zielen jeden Tag einen Schritt näher zu kommen, ist das was wirklich zählt. Jeden Tag aufzustehen und zufrieden mit sich selbst und mit dem, was man erreicht hat, zu sein, spornt den Motivationsdrachen in dir an. Ich nenne es gerne den Motivationsdrachen, weil du das Feuer in dir spüren musst, welches dich wiederum dazu anspornt, etwas

Großartiges zu beginnen oder fortzusetzen. Dies wird dein Leben für immer verändern.

Eine Veränderung im Lebensstil ist wichtig, aber eine Veränderung der Gewohnheiten ist noch entscheidender, da dies den ultimativen Unterschied macht. <u>Gewohnheiten sind unterbewusste Aktionen, die als bewusste Entscheidung beginnen.</u> Mit anderen Worten, du musst dich mental dazu entscheiden, es zu tun und dann die notwendigen Schritte dazu unternehmen, so dass du damit anfangen kannst, diese die ganze Zeit unterbewusst zu tun.

Erinner dich daran, dass DU es KANNST und DU WIRST DEINE ZIELE ERREICHEN!

Es ist meine aufrichtige Absicht dir zu helfen, in die best mögliche Verfassung zu kommen und mit den Ergebnissen glücklich zu sein.

Lass uns endlich loslegen!

Disclaimer: Konsultiere deinen Arzt bevor du mit diesem Ernährungsplan beginnst. Versichere dich außerdem, dass die Ernährungsinformationen in diesem Buch von deinem

Arzt gelesen werden, bevor du beginnst und diese auf dein Leben überträgst. Nimm dieses Buch mit, wenn du deinen Arzt aufsuchst, so dass er bestätigen kann, dass die Übungen und Ernährungsinformationen richtig für dich sind.

## KAPITEL 1

# DER ULTIMATIVE ERNÄHRUNGSRATGEBER FÜR KRAFTSPORTLER:

## Maximiere dein Potenzial

Kraftsportler benötigen viel Energie, um eine lange Zeit fokussiert zu bleiben ohne dabei müde zu werden. Dieser Ernährungsplan wird dir helfen genau das sowie viele weitere Ernährungsziele zu erreichen, so dass du das meiste aus deinem Körper herausholen kannst. Dieser Ernährungsplan bereitet die Essgewohnheiten der Menschen in Vilcabamba auf, deren nachgewiesene Langlebigkeit als perfekte Basis für jeden Athleten dient, der seine beste Leistungsfähigkeit nachhaltig erreichen und über die Jahre aufrecht erhalten will. Sie stellen für alle Athleten ein gutes Beispiel dar, da sie sich auf organische Energiequellen fokussieren. Dies erlaubt

Athleten über einen langen Zeitraum ihr Bestes zu geben, ohne zukünftig negative Auswirkungen auf die Gesundheit zu befürchten, wie sie von anderen leistungsfördernen Substanzen verursacht werden, welche dem Körper essentielle Elemente aus dem natürlichen Prozess entziehen und diesen zum Erzielen von kurzfristigen Verbesserungen verändern.

Alle Athleten sollten viel Obst, Gemüse und proteinreiche Nahrung zu sich nehmen (Hähnchen, Eier, Truthahn, Fisch, etc.). Die Einnahme komplexer Kohlenhydrate sollte reduziert werden auf höchstens braunen Reis, Nudeln, natürliches Brot und orgnische Inhaltsstoffe. In dem Dorf Vilcabamba trinken sie meistens Wasser, natürliche Fruchtsäfte und Milch. Alles was sie essen und trinken besteht aus natürlichen, unverarbeiteten, unverpackten, konservierungsstofffreien Nahrungsmitteln. Auch wenn einige Erfrischungsgetränke sowie Fast Food in der Stadt verkauft werden, werden diese hier nicht empfohlen. Dieses Wissen über deren Ernährungsgewohnheiten nutzend, ergänzt durch andere medizinische Fakten, haben wir einen Ernährungsratgeber geschaffen, der dir helfen wird gesünder und länger zu leben. Er wird dir auch helfen, dein Gewicht und deine Figur besser zu kontrollieren.

Dies ist kein typisches Buch über Ernährung, das dir etwas über ein magisches Getränk, mit dem du Gewicht verlieren kannst, oder Tabletten, mit denen du 10 Kilo in einer Woche abnehmen kannst, erzählt. Es gibt auch Diäten, die sich darauf fokussieren überhaupt nichts zu essen. Viele dieser Diäten haben einen negativen Langzeiteffekt deinen Körper und Geist. <u>Die Wahrheit ist, es gibt KEINE magische Formel!</u> Der Schlüssel zur Fitness liegt einfach in der richtigen Ernährung und den richtigen Übungen. Diese beiden Dinge richtig durchzuführen ist das, worum es in diesem Buch geht.

Warum wir uns zuerst auf die Antwort auf deine Probleme fokussieren?

Zu wissen was gemacht werden muss garantiert nicht, dass du weißt, welche Schritte erforderlich sind, um dort hin zu gelangen!

Warum haben wir weltweit so ein ernstzunehmendes Problem mit Fettleibigkeit und Unterernährung und warum betrifft es mittlerweile auch immer stärker die Kinder?

Es gibt im Leben immer etwas, das du ablehnst, später aber bereust. Dies trifft insbesondere auf die Gesundheit zu. Für gewöhnlich beginnen körperliche Probleme im Kleinen und werden dann zu einem schwer handzuhabenden Problem. Aus diesem Grund müssen wir solchen Probleme bereits in der Jugend vorbeugen.

## Ein erster Überblick

Ich versuche über mein Leben in recht einfachen Begriffen zu denken. Wenn du all den technologischen Fortschritt aus deinem Leben heraus lässt und dich auf einen einfacheren Lebensstil konzentrierst, wirst du dich in einer völlig anderen Umgebung befinden. Was ich damit meine? <u>Nun, lass uns sagen wir hätten kein TV, kein Internet und kein Handy. Wir hätten keine Autos, Flugzeuge oder Rolltreppen. Keine Hot Dogs, Hamburger, Soft Drinks und Fast Food (das sind alles keine technischen Errungenschaften, aber wir verbannen sie trotzdem).</u> Werde bitte nicht schwach! Ich weiß, dass die meisten von uns nicht ohne viele dieser Dinge leben könnten, aber lass uns die Dinge ins rechte Licht rücken. Was bleibt dir bei Nahrungsmitteln übrig? Wir haben immer noch frisches Obst und Gemüse, das von Feldern und Bäumen kommt. Wir haben immer noch Fleisch in Form von Hähnchen, Rindfleisch, Fisch und Schwein. Aber rate mal? Wir müssten den Fisch oder andere Tiere, die wir essen wollen, fangen und das geht mit körperlicher Betätigung einher. Wir müssten gehen, klettern und uns strecken, um die Äpfel oder Birnen von den Bäumen zu pflücken. All das erfordert zu gehen, zu rennen oder auf andere Art und Weise mehr Kalorien zu verbrennen.

Jetzt, wo wir unser Essen gefangen oder geerntet haben, müssen wir es zubereiten. Haben wir eine Mikrowelle oder einen Herd, um das Essen zu kochen? Nein, aber vielleicht eine Pfanne oder einen Topf, welche wir über Feuer erhitzen können. Du bekommst wohl auch etwas Sonne ab, während du jagst oder Früchte aufsammelst. Weißt du wie wichtig ein wenig Sonne für deine Gesundheit sein kann? Lass uns ein Beispiel nutzen.

In tropischen Gewässern, in manchen Teilen der Welt, existieren pinke Delphine. So seltsam wie dies klingen mag, es gibt eine logische Erklärung. Diese Delphine leben in Gegenden mit sehr hoher Dichte an tropischen Pflanzen, die sehr wenig Licht hindurch lassen. Wegen diesem Mangel an Sonnenlicht ist die Haut der Delphine fast transparent geworden, was ihnen einen pinken Anschein verleiht. Du musst es sehen, um es wirklich zu glauben, aber der Punkt ist, dass du auch etwas Sonne brauchst. Also versuche ab und zu etwas Sonne abzubekommen. Aber übertreib es nicht! Gerade genug Sonne ist gut genug.

Ich weiß, dies ist eine ungewöhnliche Denkweise, aber wenigsten wissen wir wie leicht wir unseren Tagesablauf gestalten können, um gesünder zu werden. Ich sage nicht, dass du genau so leben sollst, aber du solltest versuchen einige dieser grundlegenden Ideen zu übernehmen, welche durch Veränderungen in der Gesellschaft und technischen Fortschritt vergessen wurden. Du könntest dich entscheiden zum Lebensmittelgeschäft zu Fuß zu gehen und dies als kleines Training zu nutzen. Du könntest dich entscheiden etwas weiter von deinem Arbeitsplatz entfernt zu parken, so dass du ein paar Meter extra gehen musst. Wenn du mit deinen Kinder im Park bist, jogge eine Runde mit ihnen oder geht als Familie am Wochenende schwimmen. Anstatt Essen zu dir zu nehmen, welches mit viel Öl oder Butter zubereitet wurde, versuche es selbst zu kochen, benutze einen Ofen oder einen Dampfgarer.

Gibt dein Bestes um sicherzugehen, dass der Großteil dessen, was du isst, einen hohen Nährwert hat und so frisch wie möglich ist. Dies wird dir helfen gesund und fit zu bleiben, über viele Jahre hinweg.

# Dieses Buch ist unterteilt in 3 Kraftsport Lifestyles:

### Low Cardio Lifestyle Athlete (LCLA):

Diese Ernährungsstufe ist für Athleten, die weniger Nahrung mit komplexen Kohlenhydraten benötigen (z.B. u.a. Nudeln, brauner Reis, Haferflocken, braune Bohnen und Linsen). Diese Leute müssen keine großen Energiereserven vorhalten und sollten daher einen höheren prozentualen Anteil der Nahrung an Proteinen, Hülsenfrüchten, Gemüse, Molkereiprodukten und Obst haben.

LCLA ist für Athleten gedacht, die nicht mehr als 30 Minuten Kardio am Tag als Teil des Trainings oder auch während eines Wettkampfes machen. Du kannst während eines Wettkampfes flexibel sein, da sich einige Bedingungen und Umweltveränderungen abwandeln, je nachdem wie du Nahrung aufnehmen kannst. Dies könnte vom Land abhängen, in dem du einen Wettkampf hast, oder es könnte an der Nahrung liegen, die in der Gegend verfügbar ist.

Nach dem ersten Monat dieser Ernährungsstufe in Verbindung mit deinem regelmäßigen körperlichen Training kannst du entscheiden, ob du so weitermachst oder die Ernährung deinen Bedürfnissen mehr anpasst, solltest du einen größeren Bedarf an Proteinen, Kohlenhydraten oder Molkereiprodukten verspüren.

## Medium Cardio Lifestyle Athlete (MCLA):

Diese Ernährungsstufe ist für Athleten geeignet, die einen höheren Prozentsatz an Nahrungs-mitteln mit komplexen Kohlenhydraten (z.B. u.a. Nudeln, brauner Reis, Haferflocken, braune Bohnen und Linsen) benötigen, um einen mittleren Kardio-intensiven Lebenssitl aufrecht zu erhalten. Zugleich konsumieren sie auch einen höheren Anteil an Nahrungsmitteln aus Proteinen, Molkereiprodukten, Hülsenfrüchten und Obst.

MCLA ist für Athleten geeignet, die mindestens 30 Minuten kardiovaskuläre Aktivitäten als Teil des täglichen körperlichen Trainings absolvieren. Dieses kann u.a. beinhalten: Schwimmen, Walken, Laufen, Radfahren, Springen, Rudern oder Sportarten, die mehrere der zuvor genannten Aktivitäten miteinander verbinden.

## High Cardio Lifestyle Athlete (HCLA):

Diese Ernährungsstufe ist für Athleten geeignet, die einen höheren Prozentsatz an Nahrungs-mitteln mit komplexen Kohlenhydraten benötigen, um ihren Kardio-intensiven Lebensstil in einer ausgeglichenen und gesunden Art aufrechtzuerhalten, während sie weiterhin einen hohen Prozentsatz der Nahrung aus Proteinen. Hülsenfrüchten, Gemüse, Obs und Nüssen gewinnen.

HCLA ist für Athleten, die mehr als eine Stunde täglich kardiovaskuläres Training machen. Mindestens eine Stunde intensives Kardio-Training kann beinhalten (im Falle von Cross-Training): Laufen, Schwimmen, Rudern, Springen oder Radfahren. Dies ist besonders wichtig für Athleten, die viel kardiovaskuläre Übungen machen, da sie mehr Kohlenhydrate benötigen, um in guter körperlicher

Verfassung zu bleiben und um ihrem Körper die Möglichkeit zur Erholung zu geben.

Die USDA Nahrungspyramide enthält die folgenden Gruppen an Nahrungsmitteln:

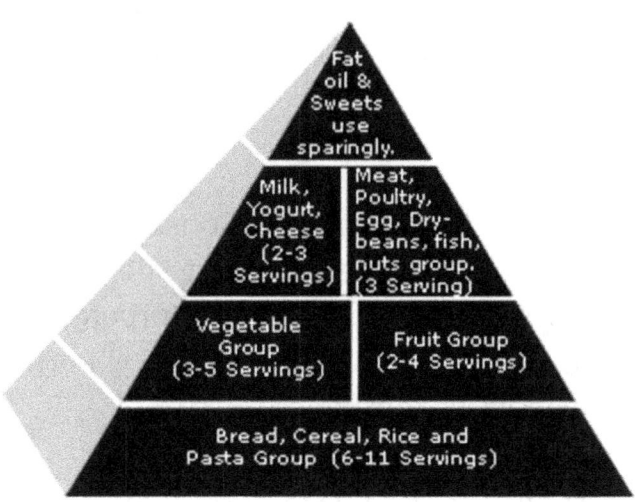

a) Brot, Cerealien, Reis, Pasta (6 bis 11 Portionen): Diese Gruppe beinhaltet Nahrungsmittel, die reich an Kohlenhydraten sind und befindet sich am unteren Ende der Pyramide. Dies sagt aus, dass jene Nahrungsmittel öfters zu sich genommen werden sollten und einen wichtigen Teil der täglichen Ernährung darstellen. Der Grund hinter dem hohen Bedarf an Kohlenhydraten ist, dass diese uns mit Energie versorgen und eine Person daher weniger Fett zu sich nehmen muss. Es wird empfohlen, dass eine Person 6 bis 11 Portionen aus dieser Gruppe konsumiert.

b) Gemüse (3-5 Portionen) und Obst (2-4 Portionen): Es besteht kein Zweifel daran, dass Obst und Gemüse gut für den Körper sind. Obst und Gemüse versorgen den Körper mit lebenswichtigen Vitaminen und anderen Nährstoffen und schützen vor Krankheiten. Eine Person sollte 3-5 Portionen Gemüse und 2-4 Portionen Obst am Tag zu sich nehmen.

c) Fleich, Geflügel, Fisch, trockene Bohnen und Nüsse (2-3 Portionen): Diese Gruppe versorgt den Körper mit Proteinen. Proteine helfen dabei, Körpergewebe und Muskeln aufzubauen. Eine Person sollte 2-3 Portionen aus dieser Gruppe täglich konsumieren.

d) Milch, Joghurt und Käse (2-3 Portionen): Diese Gruppe stellt Proteine und Kalzium bereit, welche die Knochen stärken und gesundheitlichen Problemen vorbeugen, die mit Kochenabbau einhergehen. Eine Person sollte 2-3 Portionen dieser Gruppe täglich zu sich nehmen.

e) Fette, Öle und Süßes (sparsam essen): Diese Gruppe sollte sparsam gegessen werden. Fett führt zu Herzproblemen und Fettleibigkeit. Zu viel Zucker führt zu Fettleibigkeit, die wiederum in der Zukunft Herzprobleme verursachen kann.

Die Nahrungspyramide bietet eine exzellente Möglichkeit sicherzustellen, dass die Ernährungsanforderungen des Körpers korrekt umgesetzt werden. Folgt man diesen Hinweisen, wird man all die täglich erforderliche Energie, Proteine, Vitamine und anderen wichtigen Nahrungsmittel erhalten.

Hier sind die empfohlenen Portionsgrößen für Nahrungsmittel reich an Kohlenhydraten.

Gemüse: 1 Tasse rohes Gemüse, ½ Tasse gegartes Gemüse oder ¾ Tasse Gemüsesaft.
Obst: 1 mittelfroße Frucht (z.B. 1 mittelgroßer Apfel oder eine mittelgroße Orange), ½ Tasse Dosenobst oder ¾ Tasse Fruchtsaft.
Brot und Cerealien: 1 Scheibe Brot; 2/3 Tassen Zerealen; ½ Tasse gekochter Reis, Pasta oder Zerealien; ½ Tasse gekochte trockene Bohnen, Linsen oder getrocknete Erbsen.
Molkereiprodukte: 1 Tasse Milch mit niedrigem Fettanteil.

Die richtige Menge an Proteinen, Fetten und Kohlenhydraten für Nicht-Athleten ist:

**Proteine 12%**

**Kohlenhydrate 58%**

**Fette 30%**

Die richtige Menge an Proteinen, Fetten und Kohlenhydraten für die meisten Athleten ist:

**Proteine 15-20%**

**Kohlenhydrate 60-65%**

**Fette 20-25%**

Bodybuilder essen mehr Proteine, um Muskeln und Körpermasse aufzubauen, weshalb der Anteil an Proteinen hier bis zu 30-40% bei einem professionellen Bodybuilder liegen kann.

**Aerobe vs. anaerobe körperliche Aktivität:**

Es gibt 2 Hauptarten der körperlichen Aktivität: Aerobe ind anareobe Aktivität.

Anarobe Aktivität wird definiert als Aktivität, die ohne das Vorhandensein von Sauerstoff durchgeführt wird und daher nicht über lange Zeit durchgeführt werden kann. Diese Aktivität beruht stark auf dem schnellen Zucken der Muskelstränge. Beispiele für anaerobe Aktivität sind Gewichtheben und Sprinten. Solche Aktivitäten können nicht über einen langen Zeitraum durchgeführt werden. Sie helfen dir aber, eine schlanke Figur zu formen und deine Körperproportionen zu verbessern. Der anaerobe Kapazitätstest ist ein Test, der die Fähigkeit des Körpers misst, Übungen von kurzer Dauer aber hoher Intensität durchzuführen. Der Wingate-Prüfzyklus ist ein weitverbreiteter Test um eben jene anaerobe Kapazität zu messen.

Aerobe Fitness, auch bekannt als kardiovaskuläre Fitness, ist die Fähigkeit des Körpers, eine Übung über einen längeren Zeitrum unter Vorhandensein von Sauerstoff auszuführen. Diese Art der Aktivität beruht stark auf dem langsamen Zucken der Muskelstränge und beinhaltet Aktivitäten wie Radfahren oder Marathon.

Ein Trainingsprogramm, das kardiovaskuläre und muskuläre Fitness vereint, ermöglicht eine höhere

Sauerstoffsättigung des Blutes per Herzschlag und erhöht das Myoglobin in den Muskeln, so dass diese mehr Sauerstoff aufnehmen und so mehr Leistung bringen können. Aus diesem Grund ist es eine kluge Entscheidung Cross-Training zu machen. Beim Kraftsport wird dir die Fähigkeit, anaerobes und aerobes Training zu verbinden, die besten Ergebnisse vor, während und nach dem Wettkampf liefern.

**EINIGE NAHRUNGSMITTEL, DIE FÜR DEN ERNÄHRUNGSPLAN GENUTZT WERDEN SOLLTEN, SIND:**

## *Komplexe Kohlenhydrate*

*(Each portion is considered 1 serving)*

**Morning Carbs (1 cup)**

Oatmeal

2 slices of toast

Raisin bran cereal

Oat bran cereal

Whole-wheat cereal

Half a wheat bagel

Half a slice pita bread

1 bran muffin

1 wheat waffle

1 wheat pancake

**Mid-day Carbs (1/2 cup)**

Brown rice

Pasta

1 slice of wheat toast

Wheat pasta

Wild rice

1 sweet potato

1 baked potato

Black, Kidney and Red beans

Lentils

Peas

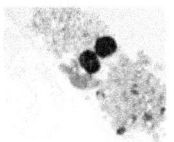 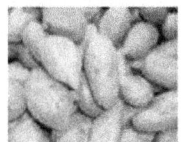  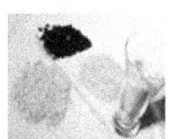

Der Ultimative Ernährungsratgeber Für Kraftsportler

## *Proteine*

*(Each portion is considered 1 serving)*

*No more than 3 dark meats per week and a minimum of*

*3 types of fish per week.*

| Morning Proteins | Mid-day proteins | Afternoon Proteins |
|---|---|---|
| 4 egg whites | 4 egg whites | Salmon 4 oz. |
| Ham 4 oz. | Ham 4 oz. | Ham 4 oz. |
| Fish (any) 4 oz. | Fish (any) 4 oz. | Fish (any) 4 oz. |
| 1 can of tuna | 1 can of tuna | 1 can of tuna |
| Slices of turkey 4oz. | Turkey 4 oz. | Turkey 4 oz |
| 1 cup of shrimp | 1 cup of shrimp | Tilapia 4 oz. |
| Steak or red meat 4 oz. | Steak or red meat 4 oz. | Steak or red meat 2 oz. |
| 1 strip of bacon | Pork 4 oz. | Pork 2 oz. |
| Chicken or other poultry 4 oz. | Chicken or other poultry 4 oz | Chicken or other poultry 4 oz. |

Der Ultimative Ernährungsratgeber Für Kraftsportler

## Meeresfrüchte *(Nährstoffinformationen)*

Cooked (by moist or dry heat with no added ingredients), edible weight portion.
Percent Daily Values (%DV) are based on a 2,000 calorie diet.

| Seafood Serving Size (84 g/3 oz) | Calories | Calories from Fat | Total Fat (g) | (%DV) | Saturated Fat (g) | (%DV) | Cholesterol (mg) | (%DV) | Sodium (mg) | (%DV) | Potassium (mg) | (%DV) | Total Carbohydrate (g) | (%DV) | Protein (g) | Vitamin A (%DV) | Vitamin C (%DV) | Calcium (%DV) | Iron (%DV) |
|---|---|---|---|---|---|---|---|---|---|---|---|---|---|---|---|---|---|---|---|
| Blue Crab | 100 | 10 | 1 | 2 | 0 | 0 | 95 | 32 | 330 | 14 | 300 | 9 | 0 | 0 | 20 | 0 | 4 | 10 | 4 |
| Catfish | 130 | 60 | 6 | 9 | 2 | 10 | 50 | 17 | 40 | 2 | 230 | 7 | 0 | 0 | 17 | 0 | 0 | 0 | 0 |
| Clams, about 12 small | 110 | 15 | 1.5 | 2 | 0 | 0 | 80 | 27 | 95 | 4 | 470 | 13 | 6 | 2 | 17 | 10 | 0 | 8 | 30 |
| Cod | 90 | 5 | 1 | 2 | 0 | 0 | 50 | 17 | 65 | 3 | 460 | 13 | 0 | 0 | 20 | 0 | 2 | 2 | 2 |
| Flounder/Sole | 100 | 15 | 1.5 | 2 | 0 | 0 | 55 | 18 | 100 | 4 | 390 | 11 | 0 | 0 | 19 | 0 | 0 | 2 | 0 |
| Haddock | 100 | 10 | 1 | 2 | 0 | 0 | 70 | 23 | 85 | 4 | 340 | 10 | 0 | 0 | 21 | 2 | 0 | 2 | 6 |
| Halibut | 120 | 15 | 2 | 3 | 0 | 0 | 40 | 13 | 60 | 3 | 500 | 14 | 0 | 0 | 23 | 4 | 0 | 2 | 6 |
| Lobster | 80 | 0 | 0.5 | 1 | 0 | 0 | 60 | 20 | 320 | 13 | 300 | 9 | 1 | 0 | 17 | 2 | 0 | 6 | 2 |
| Ocean Perch | 110 | 20 | 2 | 3 | 0.5 | 3 | 45 | 15 | 95 | 4 | 290 | 8 | 0 | 0 | 21 | 0 | 2 | 10 | 4 |
| Orange Roughy | 80 | 5 | 1 | 2 | 0 | 0 | 20 | 7 | 70 | 3 | 340 | 10 | 0 | 0 | 16 | 2 | 0 | 4 | 2 |
| Oysters, about 12 medium | 100 | 35 | 4 | 6 | 1 | 5 | 80 | 27 | 300 | 13 | 220 | 6 | 6 | 2 | 10 | 0 | 6 | 6 | 45 |
| Pollock | 90 | 10 | 1 | 2 | 0 | 0 | 80 | 27 | 110 | 5 | 370 | 11 | 0 | 0 | 20 | 2 | 0 | 0 | 2 |
| Rainbow Trout | 140 | 50 | 6 | 9 | 2 | 10 | 55 | 18 | 35 | 1 | 370 | 11 | 0 | 0 | 20 | 4 | 4 | 8 | 2 |
| Rockfish | 110 | 15 | 2 | 3 | 0 | 0 | 40 | 13 | 70 | 3 | 440 | 13 | 0 | 0 | 21 | 4 | 0 | 2 | 2 |
| Salmon, Atlantic/Coho /Sockeye /Chinook | 200 | 90 | 10 | 15 | 2 | 10 | 70 | 23 | 55 | 2 | 430 | 12 | 0 | 0 | 24 | 4 | 4 | 2 | 2 |
| Salmon, Chum/Pink | 130 | 40 | 4 | 6 | 1 | 5 | 70 | 23 | 65 | 3 | 420 | 12 | 0 | 0 | 22 | 2 | 0 | 2 | 4 |
| Scallops, about 6 large or 14 small | 140 | 10 | 1 | 2 | 0 | 0 | 65 | 22 | 310 | 13 | 430 | 12 | 5 | 2 | 27 | 2 | 0 | 4 | 14 |
| Shrimp | 100 | 10 | 1.5 | 2 | 0 | 0 | 170 | 57 | 240 | 10 | 220 | 6 | 0 | 0 | 21 | 4 | 4 | 6 | 10 |

| | | | | | | | | | | | | | | | | | | |
|---|---|---|---|---|---|---|---|---|---|---|---|---|---|---|---|---|---|---|
| Swordfish | 120 | 50 | 6 | 9 | 1.5 | 8 | 40 | 13 | 100 | 4 | 310 | 9 | 0 | 0 | 16 | 2 | 2 | 0 | 6 |
| Tilapia | 110 | 20 | 2.5 | 4 | 1 | 5 | 75 | 25 | 30 | 1 | 360 | 10 | 0 | 0 | 22 | 0 | 2 | 0 | 2 |
| Tuna | 130 | 15 | 1.5 | 2 | 0 | 0 | 50 | 17 | 40 | 2 | 480 | 14 | 0 | 0 | 26 | 2 | 2 | 2 | 4 |

Quelle: U.S. Food and Drug Administration

## Gemüse und Hülsenfrüchte

*(1-2 cups total of any below)*
*Vary between raw leafy vegetables, cooked vegetables, and vegetable juice.*

| Morning V & L's | Mid-day V & L's | Afternoon V & L's |
|---|---|---|
| Lettuce | Lettuce | Lettuce |
| Tomato | Tomato | Tomato |
| Carrots | Broccoli | Broccoli |
| Spinach | Carrots | Carrots |
| Green Peas | Spinach | Spinach |
| Corn | Green peas | Green peas |
| Celery | Corn | Corn |
| Cucumber | Celery | Celery |
| Vegetable juice | Cucumber | Cucumber |
| Squash | Vegetable juice | Vegetable juice |
| String beans | Squash | Squash |
| Mushrooms | String beans | String beans |
| Sprouts | Cauliflower | Cauliflower |
| Beets | Mushrooms | Mushrooms |
| | Cabbage | Cabbage |
| | Peppers | Peppers |
| | Sprouts | Sprouts |
| | Beets | Beets |

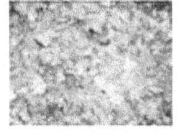 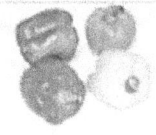 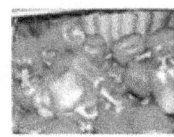 

## Gemüse *(Nährstoffinformationen)*

Raw, edible weight portion. Percent Daily Values (%DV) are based on a 2,000 calorie diet.

| Vegetables Serving Size (gram weight/ ounce weight) | Calories | Calories from Fat | Total Fat (g) | Total Fat (%DV) | Sodium (mg) | Sodium (%DV) | Potassium (mg) | Potassium (%DV) | Total Carbohydrates (g) | Total Carbohydrates (%DV) | Dietary Fiber (g) | Dietary Fiber (%DV) | Sugars (g) | Protein (g) | Vitamin A (%DV) | Vitamin C (%DV) | Calcium (%DV) | Iron (%DV) |
|---|---|---|---|---|---|---|---|---|---|---|---|---|---|---|---|---|---|---|
| Asparagus, 5 spears (93 g/3.3 oz) | 20 | 0 | 0 | 0 | 0 | 0 | 230 | 7 | 4 | 1 | 2 | 8 | 2 | 2 | 10 | 15 | 2 | 2 |
| Bell Pepper, 1 medium (148 g/5.3 oz) | 25 | 0 | 0 | 0 | 40 | 2 | 220 | 6 | 6 | 2 | 2 | 8 | 4 | 1 | 4 | 190 | 2 | 4 |
| Broccoli, 1 medium stalk (148 g/5.3 oz) | 45 | 0 | 0.5 | 1 | 80 | 3 | 460 | 13 | 8 | 3 | 3 | 12 | 2 | 4 | 6 | 220 | 6 | 6 |
| Carrot, 1 carrot, 7" long, 1 1/4" diameter (78 g/2.8 oz) | 30 | 0 | 0 | 0 | 60 | 3 | 250 | 7 | 7 | 2 | 2 | 8 | 5 | 1 | 110 | 10 | 2 | 2 |
| Cauliflower, 1/6 medium head (99 g/3.5 oz) | 25 | 0 | 0 | 0 | 30 | 1 | 270 | 8 | 5 | 2 | 2 | 8 | 2 | 2 | 0 | 100 | 2 | 2 |
| Celery, 2 medium stalks (110 g/3.9 oz) | 15 | 0 | 0 | 0 | 115 | 5 | 260 | 7 | 4 | 1 | 2 | 8 | 2 | 0 | 10 | 15 | 4 | 2 |
| Cucumber, 1/3 medium (99 g/3.5 oz) | 10 | 0 | 0 | 0 | 0 | 0 | 140 | 4 | 2 | 1 | 1 | 4 | 1 | 1 | 4 | 10 | 2 | 2 |
| Green (Snap) Beans, 3/4 cup cut (83 g/3.0 oz) | 20 | 0 | 0 | 0 | 0 | 0 | 200 | 6 | 5 | 2 | 3 | 12 | 2 | 1 | 4 | 10 | 4 | 2 |
| Green Cabbage, 1/12 medium head (84 g/3.0 oz) | 25 | 0 | 0 | 0 | 20 | 1 | 190 | 5 | 5 | 2 | 2 | 8 | 3 | 1 | 0 | 70 | 4 | 2 |
| Green Onion, 1/4 cup chopped (25 g/0.9 oz) | 10 | 0 | 0 | 0 | 10 | 0 | 70 | 2 | 2 | 1 | 1 | 4 | 1 | 0 | 2 | 8 | 2 | 2 |

## Der Ultimative Ernährungsratgeber Für Kraftsportler

| | | | | | | | | | | | | | | | | | |
|---|---|---|---|---|---|---|---|---|---|---|---|---|---|---|---|---|---|
| Iceberg Lettuce<br>1/6 medium head<br>(89 g/3.2 oz) | 10 | 0 | 0 | 0 | 10 | 0 | 125 | 4 | 2 | 1 | 1 | 4 | 2 | 1 | 6 | 6 | 2 | 2 |
| Leaf Lettuce<br>1 1/2 cups shredded<br>(85 g/3.0 oz) | 15 | 0 | 0 | 0 | 35 | 1 | 170 | 5 | 2 | 1 | 1 | 4 | 1 | 1 | 130 | 6 | 2 | 4 |
| Mushrooms<br>5 medium<br>(84 g/3.0 oz) | 20 | 0 | 0 | 0 | 15 | 0 | 300 | 9 | 3 | 1 | 1 | 4 | 0 | 3 | 0 | 2 | 0 | 2 |
| Onion<br>1 medium<br>(148 g/5.3 oz) | 45 | 0 | 0 | 0 | 5 | 0 | 190 | 5 | 11 | 4 | 3 | 12 | 9 | 1 | 0 | 20 | 4 | 4 |
| Potato<br>1 medium<br>(148 g/5.3 oz) | 110 | 0 | 0 | 0 | 0 | 0 | 620 | 18 | 26 | 9 | 2 | 8 | 1 | 3 | 0 | 45 | 2 | 6 |
| Radishes<br>7 radishes<br>(85 g/3.0 oz) | 10 | 0 | 0 | 0 | 55 | 2 | 190 | 5 | 3 | 1 | 1 | 4 | 2 | 0 | 0 | 30 | 2 | 2 |
| Summer Squash<br>1/2 medium<br>(98 g/3.5 oz) | 20 | 0 | 0 | 0 | 0 | 0 | 260 | 7 | 4 | 1 | 2 | 8 | 2 | 1 | 6 | 30 | 2 | 2 |
| Sweet Corn<br>kernels from 1<br>medium ear<br>(90 g/3.2 oz) | 90 | 20 | 2.5 | 4 | 0 | 0 | 250 | 7 | 18 | 6 | 2 | 8 | 5 | 4 | 2 | 10 | 0 | 2 |
| Sweet Potato<br>1 medium, 5" long, 2"<br>diameter<br>(130 g/4.6 oz) | 100 | 0 | 0 | 0 | 70 | 3 | 440 | 13 | 23 | 8 | 4 | 16 | 7 | 2 | 120 | 30 | 4 | 4 |
| Tomato<br>1 medium<br>(148 g/5.3 oz) | 26 | 0 | 0 | 0 | 20 | 1 | 340 | 10 | 5 | 2 | 1 | 4 | 3 | 1 | 20 | 40 | 2 | 4 |

Source: U.S. Food and Drug Administration

Der Ultimative Ernährungsratgeber Für Kraftsportler

## *Früchte, Nüsse und Samen* *(Variieren zwischen rohen und gefrohrenen Früchten, Fruchtsaft und getrockneten Früchten.)*

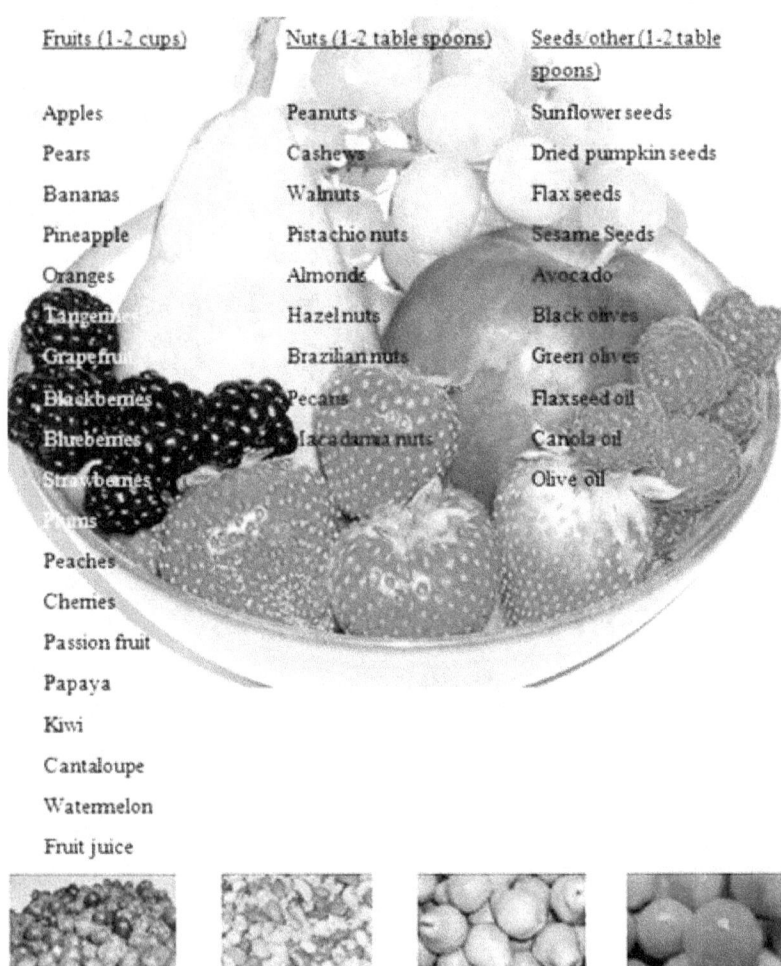

| Fruits (1-2 cups) | Nuts (1-2 table spoons) | Seeds/other (1-2 table spoons) |
|---|---|---|
| Apples | Peanuts | Sunflower seeds |
| Pears | Cashews | Dried pumpkin seeds |
| Bananas | Walnuts | Flax seeds |
| Pineapple | Pistachio nuts | Sesame Seeds |
| Oranges | Almonds | Avocado |
| Tangerines | Hazelnuts | Black olives |
| Grapefruit | Brazilian nuts | Green olives |
| Blackberries | Pecans | Flaxseed oil |
| Blueberries | Macadamia nuts | Canola oil |
| Strawberries | | Olive oil |
| Plums | | |
| Peaches | | |
| Cherries | | |
| Passion fruit | | |
| Papaya | | |
| Kiwi | | |
| Cantaloupe | | |
| Watermelon | | |
| Fruit juice | | |

# Der Ultimative Ernährungsratgeber Für Kraftsportler

Der Ultimative Ernährungsratgeber Für Kraftsportler

## *Früchte* (Nährstoffinformationen)

Raw, edible weight portion. Percent Daily Values (%DV) are based on a 2,000 calorie diet.

| Fruits Serving Size (gram weight/ ounce weight) | Calories | Calories from Fat | Total Fat (g) | (%DV) | Sodium (mg) | (%DV) | Potassium (mg) | (%DV) | Total Carbohydrate (g) | (%DV) | Dietary Fiber (g) | (%DV) | Sugars (g) | Protein (g) | Vitamin A (%DV) | Vitamin C (%DV) | Calcium (%DV) | Iron (%DV) |
|---|---|---|---|---|---|---|---|---|---|---|---|---|---|---|---|---|---|---|
| Apple 1 large (242 g/8 oz) | 130 | 0 | 0 | 0 | 0 | 0 | 260 | 7 | 34 | 11 | 5 | 20 | 25 | 1 | 2 | 8 | 2 | 2 |
| Avocado California, 1/5 medium (30 g/1.1 oz) | 50 | 35 | 4.5 | 7 | 0 | 0 | 140 | 4 | 3 | 1 | 1 | 4 | 0 | 1 | 0 | 4 | 0 | 2 |
| Banana 1 medium (126 g/4.5 oz) | 110 | 0 | 0 | 0 | 0 | 0 | 450 | 13 | 30 | 10 | 3 | 12 | 19 | 1 | 2 | 15 | 0 | 2 |
| Cantaloupe 1/4 medium (134 g/4.8 oz) | 50 | 0 | 0 | 0 | 20 | 1 | 240 | 7 | 12 | 4 | 1 | 4 | 11 | 1 | 120 | 80 | 2 | 2 |
| Grapefruit 1/2 medium (154 g/5.5 oz) | 60 | 0 | 0 | 0 | 0 | 0 | 160 | 5 | 15 | 5 | 2 | 8 | 11 | 1 | 35 | 100 | 4 | 0 |
| Grapes 3/4 cup (126 g/4.5 oz) | 90 | 0 | 0 | 0 | 15 | 1 | 240 | 7 | 23 | 8 | 1 | 4 | 20 | 0 | 0 | 2 | 2 | 0 |
| Honeydew-Melon 1/10 medium melon (134 g/4.8 oz) | 50 | 0 | 0 | 0 | 30 | 1 | 210 | 6 | 12 | 4 | 1 | 4 | 11 | 1 | 2 | 45 | 2 | 2 |
| Kiwifruit 2 medium (148 g/5.3 oz) | 90 | 10 | 1 | 2 | 0 | 0 | 450 | 13 | 20 | 7 | 4 | 16 | 13 | 1 | 2 | 240 | 4 | 2 |
| Lemon 1 medium (58 g/2.1 oz) | 15 | 0 | 0 | 0 | 0 | 0 | 75 | 2 | 5 | 2 | 2 | 8 | 2 | 0 | 0 | 40 | 2 | 0 |
| Lime 1 medium (67 g/2.4 oz) | 20 | 0 | 0 | 0 | 0 | 0 | 75 | 2 | 7 | 2 | 2 | 8 | 0 | 0 | 0 | 35 | 0 | 0 |

| | | | | | | | | | | | | | | | | | |
|---|---|---|---|---|---|---|---|---|---|---|---|---|---|---|---|---|---|
| Nectarine<br>1 medium<br>(140 g/5.0 oz) | 60 | 5 | 0.5 | 1 | 0 | 0 | 250 | 7 | 15 | 5 | 2 | 8 | 11 | 1 | 8 | 15 | 0 | 2 |
| Orange<br>1 medium<br>(154 g/5.5 oz) | 80 | 0 | 0 | 0 | 0 | 0 | 250 | 7 | 19 | 6 | 3 | 12 | 14 | 1 | 2 | 130 | 6 | 0 |
| Peach<br>1 medium<br>(147 g/5.3 oz) | 60 | 0 | 0.5 | 1 | 0 | 0 | 230 | 7 | 15 | 5 | 2 | 8 | 13 | 1 | 6 | 15 | 0 | 2 |
| Pear<br>1 medium<br>(166 g/5.9 oz) | 100 | 0 | 0 | 0 | 0 | 0 | 190 | 5 | 26 | 9 | 6 | 24 | 16 | 1 | 0 | 10 | 2 | 0 |
| Pineapple<br>2 slices,<br>3" diameter, 3/4" thick<br>(112 g/4 oz) | 50 | 0 | 0 | 0 | 10 | 0 | 120 | 3 | 13 | 4 | 1 | 4 | 10 | 1 | 2 | 50 | 2 | 2 |
| Plums<br>2 medium<br>(151 g/5.4 oz) | 70 | 0 | 0 | 0 | 0 | 0 | 230 | 7 | 19 | 6 | 2 | 8 | 16 | 1 | 8 | 10 | 0 | 2 |
| Strawberries<br>8 medium<br>(147 g/5.3 oz) | 50 | 0 | 0 | 0 | 0 | 0 | 170 | 5 | 11 | 4 | 2 | 8 | 8 | 1 | 0 | 160 | 2 | 2 |
| Sweet Cherries<br>21 cherries; 1 cup<br>(140 g/5.0 oz) | 100 | 0 | 0 | 0 | 0 | 0 | 350 | 10 | 26 | 9 | 1 | 4 | 16 | 1 | 2 | 15 | 2 | 2 |
| Tangerine<br>1 medium<br>(109 g/3.9 oz) | 50 | 0 | 0 | 0 | 0 | 0 | 160 | 5 | 13 | 4 | 2 | 8 | 9 | 1 | 6 | 45 | 4 | 0 |
| Watermelon<br>1/18 medium melon;<br>2 cups diced pieces<br>(280 g/10.0 oz) | 80 | 0 | 0 | 0 | 0 | 0 | 270 | 8 | 21 | 7 | 1 | 4 | 20 | 1 | 30 | 25 | 2 | 4 |

Der Ultimative Ernährungsratgeber Für Kraftsportler

## *Molkereiprodukte und Snacks* (Je 1 Portion)
### Bevorzugt fettreduzierte Proukte

*(Each is 1 serving)*
*Preferably low-fat dairies*

**Dairy Foods**
1 cup of milk (8 oz.)
1 cup of soy milk (8 oz.)
Low fat cheese (2 slices)
½ cup cottage cheese
1 cup low fat yogurt (8 oz.)
¼ cup low fat mozzarella cheese
¼ cup soy cheese
1 low fat ice cream yogurt bar
1 cup low fat fruit yogurt (8 oz.)

**Snacks**
1 fruit bar
Dried fruit (1/2 cup)
Dark chocolate (2 table spoon)
1 multigrain bar
5 low salt crackers
1 protein bar
Pretzels (1/2 cup)
Popcorn (1/2 cup)
1 low-fat rice cake

## HILFREICHE TIPPS:

- Reduziere die Gewürze in deinem Essen auf ein Minimum von einem Teelöffel pro Mahlzeit. Gerade genug um deinem Essen etwas Geschmack zu geben.
- Anstelle von Zucker benutze Honig, um deine Getränke oder dein Essen zu süßen. Falls du unbedingt Zucker verwenden musst, nutze braunen Zucker stattdessen.

*Sportlernahrung ist mehr als was du isst –*

*Es ist wann du isst und wie du isst!*

## **Trinke 6-8 Gläser Wasser am Tag**

Trinke 1 Glas Wasser, wenn du aufstehst, 1 vor jeder Mahlzeit und 1, wenn du ins Bett gehst.

## **Iss 6 kleine bis mittlere Portionen am Tag**

Du solltest alle drei Stunden etwas essen. Benutze einen Timer, eine Stopuhr oder ein Smartphone, um die Zeit zu überwachen, da dies ebenso wichtig ist wie was du isst. Wenn du kleine bis mittlere Mahlzeiten alle drei Stunden zu dir nimmst, ermöglichst du deinem Körper die Nahrung effizient zu verdauen ohne dabei das Verdauungssystem überzustrapazieren. Einige Leute essen drei große Mahlzeiten am Tag und müssen dann einige Stunden mit einem latenten Hungergefühl warten, obwohl es genau das ist, was man nicht tun sollte.

## **Kauen vor dem Schlucken!**

Klingt einfach genug, aber bei den engen Zeitplänen heutzutage scheinen die Leute das Kauen auszulassen und direkt zum Schlucken überzugehen. Dies ermöglicht deinem Körper nicht, die Nahrung so zu verarbeiten wie er es sollte. Daher nimm dir die Zeit dein Essen zu kauen. Deine Zähne erfüllen einen Zweck und dieser Zweck ist es, Essen zu zerkleinern bevor es in deinen Magen gelangt. Bedenke, wenn du dein Essen nicht kaust muss dein Magen härter arbeiten, was einer längeren Zeit für die Verdauung gleichkommt und Unwohlsein und Blähungen verursachen kann.

## **Keine Kohlenhydrate oder Früchte nach Sunnenuntergang**

Es besteht kein Bedarf darin, Energie zu speichern, die du nicht benötigst während du schläfst. Versuche große Mahlzeiten nach Sonnenuntergang zu vermeiden. Nimm besser einen gesunden Snack zu dir, um einem zu hohen Konsum vorzubeugen, oder trinke ein Glas Wasser.

Finde immer etwas Zeit für ein kleines Training oder Dehnübugen wenn du aufstehst, da dies die ideale Tageszeit ist um in Form zu kommen und verletzungsfrei zu bleiben.

## *Ernährungsempfehlung für L C L A's*

**Montag – Samstag (täglicher zu konsumierender Prozentsatz)**

20% komplexe Kohlenhydrate – 20% Proteine – 30% Gemüse und Hülsenfrüchte –

15% Früchte und Nüsse – 15% Molkereiprodukte und Snacks

Oder die äquivalenten täglichen Portionen

Kohlenhydrate (1-2 Portionen) – Proteine (3-4 Portionen) – Gemüse und Hülsenfrüchte (3-6 Portionen) –

Früchte und Nüsse (1.5-3 Portionen) –

Molkereiprodukte und Snacks (1.5 Portionen)

**Sonntag**

(Einige Athleten trainieren nicht an Sonntagen oder einem anderen Tag in der Woche, daher ändern sich die empfohlenen Portionen hier. Wir nutzen den Sonntag als Beispieltag.)

15% Kohlenhydrate – 25% Proteine – 20% Gemüse und Hülsenfrüchte –

20% Früchte und Nüsse – 20% Molkereiprodukte und Snacks

Oder die äquivalenten täglichen Portionen

Kohlenhydraze (1.5-3 Portionen) – Proteine (2.5-3 Portionen) – Gemüse und Hülsenfrüchte (2 Portionen) –

Früchte und Nüsse (2-3 Portionen) –

Molkereiprodukte und Snacks (2 Portionen)

*Die gezeigten Prozentsätze beziehen sich auf den täglichen Konsum dieser Lebensmittelgruppen und die genannten Portionen beziehen sich auf die maximale Häufigkeit, mit der man diese Nahrungsgruppen täglich zu sich nehmen sollte. Befolge die Abbildung der Nahrungspyramide vom Anfang dieses Buches als Richtlinie dafür, was du essen kannst. Ausgenommen hiervon sind Molkereiprodukte, welche du frei in Typ und Menge wählen kannst, abhängig von deinen Vorzügen oder medizinischen Bedingungen.*

## *Ernährungsempfehlung für M C L A's*

### Montag - Samstag

15% komplexe Kohlenhydrate – 30% Proteine – 25% Gemüse und Hülsenfrüchte –

15% Früchte und Nüsse – 15% Molkereiprodukte und Snacks

Oder die äquivalenten täglichen Portionen

Kohlenhydrate (1.5-3 Portionen) – Proteine (3-6 Portionen) – Gemüse und Hülsenfrüchte (2.5-6 Portionen) –

Früchte und Nüsse (1.5-3 Portionen) –

Molkereiprodukte und Snacks (1.5-3 Portionen)

### Sonntag

(Einige Athleten trainieren nicht an Sonntagen oder einem anderen Tag in der Woche, daher ändern sich die empfohlenen Portionen hier. Wir nutzen den Sonntag als Beispieltag.)

25% Kohlenhydrate – 20% Proteine – 20% Gemüse und Hülsenfrüchte –

20% Früchte und Nüsse – 15% Molkereiprodukte und Snacks

Oder die äquivalenten täglichen Portionen

Kohlenhydrate (2.5-3 Portionen) – Proteine (2.5 Portionen) – Gemüse und Hülsenfrüchte (2 Portionen) –

Früchte und Nüsse (2 Portionen) –

Molkereiprodukte und Snacks (1.5 Portionen)

*Die gezeigten Prozentsätze beziehen sich auf den täglichen Konsum dieser Lebensmittelgruppen und die genannten Portionen beziehen sich auf die maximale Häufigkeit, mit der man diese Nahrungsgruppen täglich zu sich nehmen aollte. Befolge die Abbildung der Nahrungspyramide vom Anfang dieses Buches als Richtlinie dafür, *was du essen kannst. Ausgenommen hiervon sind Molkereiprodukte, welche du frei in Typ und Menge wählen kannst, abhängig von deinen Vorzügen oder medizinischen Bedingungen.*

## *Ernährungsempfehlung für H C L A's*

**Montag - Samstag**

20% komplexe Kohlenhydrate – 25% Proteine – 20% Gemüse und Hülsenfrüchte –

15% Früchte und Nüsse – 20% Molkereiprodukte und Snacks

Oder die äquivalenten täglichen Portionen

Kohlenhydrate (2 Portionen) – Proteine (2.5 Portionen) – Gemüse und Hülsenfrüchte (2 Portionen) –

Früchte und Nüsse (1.5 Portionen) –

Molkereiprodukte und Snacks (2 Portionen)

**Sonntag**

(Einige Athleten trainieren nicht an Sonntagen oder einem anderen Tag in der Woche, daher ändern sich die empfohlenen Portionen hier. Wir nutzen den Sonntag als Beispieltag.)

25% Kohlenhydrate – 20% Proteine – 15% Gemüse und Hülsenfrüchte –

20% Früchte und Nüsse – 20% Molkereiprodukte und Snacks

Oder die äquivalenten täglichen Portionen

Kohlenhydrate (2.5 Portionen) – Proteine (2 Portionen) – Gemüse und Hülsenfrüchte (1.5 Portionen) –

Früchte und Nüsse (2 Portionen) –

Molkereiprodukte und Snacks (2 Portionen)

*Die gezeigten Prozentsätze beziehen sich auf den täglichen Konsum dieser Lebensmittelgruppen und die genannten Portionen beziehen sich auf die maximale Häufigkeit, mit der man diese Nahrungsgruppen täglich zu sich nehmen sollte. Befolge die Abbildung der Nahrungspyramide vom Anfang dieses Buches als Richtlinie dafür, was du essen kannst. Ausgenommen hiervon sind*

*Molkereiprodukte, welche du frei in Typ und Menge wählen kannst, abhängig von deinen Vorzügen oder medizinischen Bedingungen.*

## KAPITEL 2

# ESSEN, SCHLAFEN, ATMEN – DEIN WEG ZU EINEM SCHLANKEREN KÖRPER

*Deine Geheimwaffe Ruheumsatz*

Der Ruheumsatz ist die Zahl der Kalorien, die ein Körper verbrennt, während er ruht. Dies geschieht durch normale Körperfunktionen wie Herzschlag und Atemfunktion. Der Ruheumsatz macht 75% der täglich verbrannten Kalorien aus. Er kann sich von Person zu Person unterscheiden, abhängig von Alter, Körperfettanteil und anderen Faktoren. Je weniger Fett du in deinem Körper hast und je mehr Muskeln, desto höher wird dein Ruheumsatz sein und je schneller wirst du Kalorien in der Ruhe verbrennen, auch im Schaf. Das ist es, was manche Menschen unter einem guten Stoffwechsel verstehen, auch wenn es in Wirklichkeit auf einen hohen Ruheumsatz hinausläuft. Ein höherer Ruheumsatz wird dich schlanker machen und es dir auch leichter machen, Tag für Tag schlank zu bleiben.

Wie du das erreichst? Du kann es schaffen, indem du änderst, was du isst, um Fett und Zucker zu reduzieren und indem du Muskeln an deinem Körper aufbaust.

Jeder einzelne Tag bietet eine Gelegenheit wieder in Form zu kommen. Wenn du müde von der Arbeit bist und immer im Streß durch all die lästigen Dinge im Leben hörst du auf darüber nachzudenken, wie wichtig es ist sich um seinen Körper und Geist zu kümmern. Aus diesem Grund habe ich einen täglichen Ablaufplan erstellt um dir zu helfen, <u>ganztägig in Form zu kommen – sogar während du isst, schläfst und atmest.</u> Wie das möglich ist? Du kannst es erreichen, indem du einfach deinen Stoffwechsel anregst.Eine natürliche Art die zu tun ist es, kleine Veränderungen in deinem Leben vorzunehmen, die einen direkten Effekt auf deinen Körper haben.

Dieser tägliche Ablaufplan kann abgeändert werden, um ihn deinem Lebensstil und deinem Trainingsplan anzupassen. <u>Dinge, die du sowieso bereits an einem normalen Tag tust, sind fett hervorgehoben um dich daran zu erinnern, dass du deinen Tagesablauf nicht wirklich verändern musst.</u>

Denke daran, dass du der einzige bist, der dich so sehr motivieren kann, dass du diesen Ablaufplan wirklich durchziehst. Jeden Tag zu trainieren und diesen Ernährungsratgeber zu befolgen erfordert Aufoperung und die Fähigkeit, Versuchungen zu widerstehen.

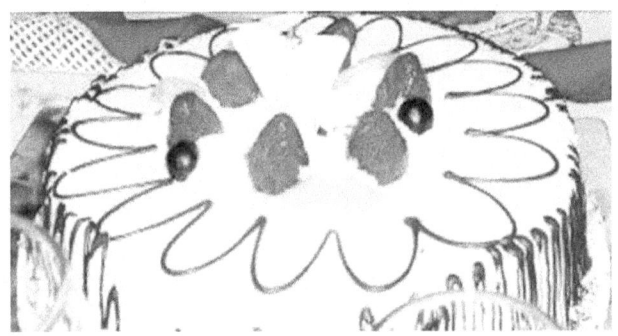

## Versuchungen

Jeden Tag kommen wir an einer Konditorei oder einem Süßigkeitenautomaten vorbei. In genau diesen Momenten müssen wir stark bleiben. Sieh weg! Denk an etwas anderes. Denk an die Arbeit. Denk an deine Familie. Denke daran wie hart du arbeitest um in Form zu kommen. Es gibt niemanden, der dich davon abhält einen Donut zu essen, einen Softdrink zu trinken oder Kartoffelchips zu essen, es liegt an dir diszipliniert zu sein. Jeden Mal, wenn du der Versuchung widerstehst, wirst du um so viel stärker. Falls du dies noch nie getan hast, gehe nicht in einen Lebensmittelladen mit leerem Magen, da du dann definitiv Dinge kaufen wirst, die du nicht essen solltest.

## Hör auf zu rauchen

Rauchen WIRD deine Lebenserwartung senken und noch wichtiger, es WIRD deine Lebensqualität verringern. Dieser Ernährungsratgeber sollte genutzt werden, um deine Langlebigkeit und Leistung als Athlet durch körperliche Übungen und verbesserte Ernährung zu verbessern. Rauchen wird gegen dich und dein Ziel arbeiten, deine Gesundheit zu verbessern.

## Trinke weniger Alkohol

Alkoholkonsum wird dich deutlich schneller dehydrieren lassen, als die meisten anderen Getränke. Daher wird es nicht empfohlen, diesen deinem Ernährungsplan hinzuzufügen. Konsultiere deinen Arzt um herauszufinden, wie viel Alkohol für dich in Ordnung ist.

## Verbessere deine Atemtechnik

Statische Atemübungen, Yoga, Pilates, Dehnübungen und andere Formen von Atemübungen werden dir helfen, deinen Stresslevel zu senken.

*Weniger Stress = Längeres Leben*

Diese Übungen sind sowohl für Männer als auch für Frauen geeignet. Sie haben mein Leben verändert und ich bin sicher, sie werden das gleiche auch bei dir bewirken. Dies sind nur einige Vorteile, die du bemerken wirst:

- Gesteigerte Flexibilität
- Stärkere Rücken- und Beckenmuskeln
- Bessere Körperhaltung
- Weniger Stress

## Der ideale Ernährungs- und Trainingsplan

### Montag - Freitag

| | |
|---|---|
| 7:00 Uhr | Trinke 1 Glas Wasser nach dem *Aufstehen* |
| 7:15 Uhr | Führe mindestens 5 Bauchmuskel- oder 5 Dehnübungen durch. |
| 8:00 Uhr | Trinke 1 Glas Wasser, Milch oder Saft und *frühstücke* danach. Richte dein Frühstück an dem Ernährungsplan in Kapitel 1 aus. |
| 8:30 Uhr | Führe dein normales wöchentliches Training durch. |
| 10:00 Uhr | Trinke 1 Glas Wasser. |
| 11:00 Uhr | Iss eine Frucht und einen Mehrkornriegel (oder einen anderen Snack aus der Liste in Kapitel 1). Du kannst das Ganze mit einem Yoghurt oder einer Portion Proteine ergänzen oder ersetzen (Truthahn, chinken, Rind, Fisch, Pute, etc.). |

| | |
|---|---|
| 11:10 Uhr | Nimm dir nach dem Snack 5 Minuten Zeit zum Dehnen und Durchatmen oder entspanne einfach deinen Körper, so dass du ihn auf ein Mittagessen in einer ruhevollen Umgebung einstimmen kannst. |
| 14:00 Uhr | Trinke ein Glas Wasser, Saft, Milch oder eine andere Flüssigkeit und *iss* anschließend *zu Mittag*. |
| 14:45 Uhr | Pausiere mindestens 30 bis 60 Minuten, so dass dein Körper das Essen vollständig verdauen kann. |
| 16:00 Uhr | Beginne dein Nachmittags-Training, welches z.B. in einem Gang ins Sportstudio bestehen kann, oder erhole dich, falls dein morgentliches Training bereits genug war. |
| 17:00 Uhr | Führe die Bauchmuskel-übungen aus Kapitel 6 durch. |
| 18:30 Uhr | Trinke ein Glas Wasser, Milch oder Saft vor dem *Abendessen*. Denke daran nur solche Nahrungsmittel zu dir zu |

nehmen, wie sie im Ernährungsplan im ersten Kapitel beschrieben werden.

20:30 Uhr    Iss einen Snack, falls du noch hungrig bist. Achte daraf, nur kleine Mengen zu dir zu nehmen. <u>Denke daran, dass du nach Anbruch der Dunkelheit keine Kohlenhydrate, Früchte oder Nahrung, die beides enthält, zu dir nimmst.</u>

22:00 Uhr    Du solltest mindestens ein Glas Wasser trinken, bevor du *schlafen* gehst, *auch wenn du früher oder später als die hier genannte Zeit zu Bett gehst.*

*Hinweis:*

Du kannst den Plan und die Übungen anpassen, so lange alle Schritte vollständig und in der richtigen Reihenfolge durchgeführt werden. Achte außerdem darauf, dass du in dem 3-Stunden-Rhythmus zwischen den Mahlzeiten bleibst und mindestens 6-8 Gläser Wasser bis zum Ende des Tages getrunken hast.

Die Qualitätsverbesserung der Ereignisse in deinem Leben und deines Tagesablaufs wird dir helfen, Gewicht zu verlieren auch während du schläfst, da dein Stoffwechsel in einer schnelleren Rate arbeiten wird und das auch während deines Schlafes.

## Samstag

Für den Samstagsplan ersetzen wir einfach die Zeit auf der Arbeit durch Zeit zu Hause, Unterhaltung oder den Haushalt. Samstag sähe dann folgendermaßen aus:

| | |
|---|---|
| 7:00 Uhr | Trinke ein Glas Wasser, wenn du *aufstehst*. |
| 7:15 Uhr | Dehne dich 5 Minuten lang um deine Muskeln auf den bevorstehenden Tag vorzubereiten. |
| 8:00 Uhr | Trinke ein Glas Wasser, Milch oder Saft und *frühstücke* dann. Richte dein Frühstück an dem Ernährungsplan in Kapitel 1 aus. |
| 8:30 Uhr | Trainiere wie du es normalerweise unter der Woche tust. |
| 10:00 Uhr | Trinke ein Glas Wasser. |
| 11:00 Uhr | Iss eine Frucht und einen Mehrkornriegel (oder einen anderen Snack aus der Liste in Kapitel 1). Du kannst das Ganze mit einem Yoghurt oder einer Portion Proteine ergänzen |

| | |
|---|---|
| | oder ersetzen (Truthahn, Schinken, Rind, Fisch, Pute, etc.). |
| 11:10 Uhr | Nimm dir nach dem Snack 5 Minuten Zeit zum Dehnen und Durchatmen oder entspanne einfach deinen Körper, so dass du ihn auf ein Mittagessen in einer ruhevollen Umgebung einstimmen kannst. |
| 14:00 Uhr | Trinke ein Glas Wasser, Saft, Milch oder eine andere Flüssigkeit und *iss* anschließend *zu Mittag*. |
| 14:45 Uhr | Pause |
| 17:30 Uhr | Trinke ein Glas Wasser, Milch oder Saft vor dem *Abendessen*. Denke daran nur solche Nahrungsmittel zu dir zu nehmen, wie sie im Ernährungsplan im ersten Kapitel beschrieben werden. |
| 20:30 Uhr | Iss eine kleine Mahlzeit und ergänze diese um ein Glas Wasser. |
| 22:00 Uhr | Trinke ein Glas Wasser, bevor du *schlafen gehst*, |

# Dein tägliches Ernährungs- und Übungstagebuch

Fertige Kopien für jeden Tag an, an dem du dieses Tagebuch nutzt. Bewahre alle ausgefüllten Seiten auf, so dass du sie am Ende des Monats ansehen kannst. Nutze den Ablaufplan unten als Vorlage für dein Tagebuch.

| ZEIT | MEIN ERNÄHRUNGS- UND ÜBUNGSPLAN FÜR HEUTE ERNÄHRUNG - ÜBUNG - ORT |
|---|---|
| 7:00 Uhr | |
| 8:00 Uhr | |
| 9:00 Uhr | |
| 10:00 Uhr | |
| 11:00 Uhr | |
| 12:00 Uhr | |
| 13:00 Uhr | |
| 14:00 Uhr | |
| 15:00 Uhr | |
| 16:00 Uhr | |
| 17:00 Uhr | |
| 18:00 Uhr | |
| 19:00 Uhr | |
| 20:00 Uhr | |

| 21:00 Uhr | |
| --- | --- |
| 22:00 Uhr | |

Kommentare:

# KAPITEL 3

# IN FORM KOMMEN

# 24 STUNDEN AM TAG

*Den Stoffwechsel beschleunigen um die Leistung zu verbessern*

Was würdest du tun, wenn man dir sagen würde, dass du 24 Stunden am Tag in Form kommen kannst? Klingt unmöglich? Lass mich dir in einem Satz erklären wie es geht – durch einen sehr simplen Prozess, der dich wegen seiner Einfachheit überraschen wird. Aber zuerst werden wir uns auf die drei Hauptkomponenten fokussieren, um in Form zu bleiben und Gewicht zu verlieren. Diese sind: Geduld, Wiederholung und Konzentration.

### *Geduld*

Es braucht Zeit, um Gewicht hinzuzugewinnen. Einige Leute benötigen ein Jahr um ihr Gewicht zu erhöhen, ohne es jemals zu kontrollieren. All das Gewicht zu verlieren, das anzusammeln so lange gedauert hat, benötigt Zeit, wenn du dauerhafte Ergebnisse haben willst. Lass mich das nochmals wiederholen, da es ein schwierig zu verstehendes Konzept ist. Es dauert all das Gewicht zu verlieren, was du über die Jahre angesammelt hast. Wenn du schnelle Ergebnisse haben willst, trainiere intelligenter und verbessere deine Ernährung. Wenn du Gewicht rasch verlierst sei dir bewusst, dass es genauso schnell zurückkommt, wenn du nicht mehr damit weitermachst, womit du es abgebaut hast. *Lass dich nicht vom einfachen Weg verführen*, da er nicht anhalten wird und du schnell wieder da zurück bist, wo du gestartet bist. Sei geduldig, da kleinere Gewichtsreduktionen wertvoller aus langer Sicht sind als größere, die direkt wieder in die entgegengesetzte Richtung schlagen. Dein Körper wird sich Stück für Stück an die Übungsroutinen und den Ernährungsplan anpassen. Das bedeutet, dass du jedes Mal aufs Neue bessere Resultate sehen wirst, sei nur geduldig.

## GLEICHGEWICHT

Im Laufe der Zeit funktionniert dein Körpergewicht wie eine Waage.

Dein Gewicht wird sich mit der Zeit erhöhen, falls du nicht die notwendigen Schritte unternimmst, um es auf einem gesunden Level zu halten. Es wird sich andererseit mit der Zeit verringern, wenn du hart dafür arbeitest, es zu kontrollieren. Die Wahrung deines Körpergewichtes ist eine Sache der Balance zwische Ernährung und Training (siehe oben).

## UNGLEICHGEWICHT

## *Wiederholung*

Deinen Lebensstil zu verändern benötigt Zeit und beständige Entscheidungen. Wenn du dich dazu entschließt zu trainieren, aber nur einmal in der Woche oder jede zweite Woche wirklich trainierst, dann wirst du offensichtlich wissen, welche Art von Ergebnissen du zu erwarten hast. Du musst konsistent in deiner Entscheidung sein. Außerdem musst du das, was du tust, immer und immer wieder machen, vom ersten bis zum letzten Tag des Monats. Es klingt nach viel Arbeit, aber du musst realisieren, dass du bereits viele Dinge konsistent tust ohne es bemerkt zu haben. Isst du mindestens drei Mal am Tag, jeden Tag und jeden Monat im Jahr? <u>Siehst du täglich mindestens eine Stunde fern jeden Monat?</u> Wechselst du deine Kleidung jeden Tag in jedem Monat? Und nimmst du jeden Tag in jedem Monat eines Jahres eine Dusche? Wenn du diese Fragen mit „ja" beantwortet hast, tust du bereits viele Dinge konsistent. Ich wette, dass viele Leute gar nicht realisieren, dass sie all diese Dinge täglich tun. Es ist definitiv etwas, das du zu deinem Vorteil nutzen solltest, indem du einfach ein paar

Übungen und einen effektiven Ernährungsplan diesen täglichen Aktivitäten hinzufügst.

Es gibt Abkürzungen, die dich dort hin bringen, wo du hin willst, aber diese werden Nebenwirkungen und gesundheitliche Risiken mit sich bringen. Hierum geht es in diesem Buch nicht. Du arbeitest daran <u>langfrisitge Ergebnisse</u> zu erzielen, <u>die anhalten</u> und die eventuell Teil deines Lebens werden.Aus diesem Grund ist es wichtig, dass du die Übungen verfolgst und ihnen erlaubst, Teil deines täglichen Lebens zu werden.

*Die wichtigste Sache ist es, konsistent zu sein, wenn du langfristige Ergebnisse willst, also bleibe fokussiert, um dort hin zu gelangen.*

## *Konzentration*

Konzentration ist die Kunst, sich über einen festgelegten Zeitraum hinweg auf eine Sache fokussieren zu können. Genau das möchte ich, dass du es mt deinen neuen Übungsroutinen und deinem Ernährungsplan machst. Bleibe konzentriert, egal was kommt. Bleibe fokussiert auf dein Ziel. Bleibe fokussiert auf deinen neuen Lebensstil.

Arbeite jeden Tag daran, weil es dein Leben ist und es an dir – und niemand anderem – liegt, dieses zu verbessern.

## In Form kommen – 24 Stunden am Tag

*Wir haben im letzten Kapitel über die Erhöhung des Ruheumsatzes gesprochen, aber lass uns jetzt mehr ins Detail gehen.*

*Schritt 1:* Beginne damit, mehr Übungen auszuführen, bevorzugt solche, die die Zahl der Muskeln an deinem Körper erhöhen. Dein Körper wird die Muskelstränge über Nacht regenerieren müssen und dadurch mehr Energie verbrauchen. Auf diese Art und Weise wirst du den ganzen Tag über Gewicht verlieren und fitter werden!

*Schritt 2:* Folge den Ernährungsinstruktionen aus Kapitel 1. Besseres Essen zu fest vorgegebenen Zeiten wird die kurz- und langfristigen Auswirkungen auf deinen Körper verändern, indem es die Fett- und Zuckerzufuhr verringert. Dies wird dir helfen, ein besseres Abwehrsystem aufzubauen, welches dich wiederum vor Erkrankungen schützen wird. Es wird deinen Energievorrat stärken und dich vor zukünftigen gesundheitlichen Problemen wie Fettleibigkeit oder Herzerkrankungen schützen. Dies sei gesagt, um nur wenige der am weitesten verbreiteten Leiden in unserer heutigen Gesellschaft zu nennen.

***Schritt 3:*** Nicht-Athleten sollten 6 bis 8 Gläser Wasser während des Tages trinken, <u>besonders ein Glas nach dem Aufstehen und eins vor dem Schlafengehen</u>. Als Athlet solltest du 6-10 Gläser Wasser trinken.

## Die richtige Art, Wasser zu trinken

Die Wasseraufnahme vor, während und nach dem Training sollte gut geplant sein.

A) Vor dem Training oder Wettkampf trinke 400 bis 500 ml Wasser – zwei Stunden im Voraus. Der zweistündige Puffer reicht aus, um den Körper vollständig zu hydrieren und genug Zeit zu lassen, das Wasser wieder aus dem System auszuscheiden.

Trinke 150-300 ml Wasser 15 Minuten vor dem Training.

B) Während eines Trainings oder Wettkampfs muss ein Athlet seinen Körper permanent mit Wasser versorgen – alle 20-25 Minuten 150-300 ml. Sportgetränke sind eine gute Natriumquelle, welches während eines Wettkampfs aufgefüllt werden muss. Sie sollten aber mit etwas Wasser vermischt werden, da sie meist hohe Mengen an Zucker enthalten, um sie gut schmecken zu lassen.

Athleten, die stark transpierieren, sollten 1,5 Gramm Natrium und 2,3 Gramm Chlorid (oder 3,8 Gramm Salz) täglich zu sich nehmen, um die durch Transpiration verlorenen Mengen auszugleichen. Die maximale Menge Salz sollte 5,8 Gramm täglich nicht überschreiten (2,3 Gramm Natrium). Konsuliere deinen Arzt, wenn du eines der folgenden medizinischen Probleme hast: Erhöhter Blutdruck, Erkrankung der Herzkranzgefäße, Diabetes, Erkrankung der Leber, etc. Diese Athleten sollten höhere Mengen Salz vermeiden. Ausdauerathleten und andere Personen, die schwere Belastungen auf sich nehmen, dürfen mehr Natrium zu sich nehmen, um die entsprechenden Verluste auszugleichen. Die Karbonate in Sportgetränken verhelfen den Muskeln auch zu besserer Leistung. Athleten sollten auch eine angemessene Menge von 4,7 Gramm Kalium am Tag zu sich nehmen, um die Auswirkungen von Salz abzufedern, den Blutdruck zu senken und das Risiko von Lebererkrankungen und Kochenschwund zu reduzieren. Atheleten sollten daher kaliumreiche Nahrung wie Bananen oder Pflaumen essen.

C) Nach Training oder Wettkampf sollte ein Athlet sämtliche verlorenen Flüssigkeiten ausgleichen, indem er etwa 1,2 Liter je verlorenem Kilogramm Gewicht trinkt.

*Schritt 4:* Schlafe mindestens 5, höchstens aber 10 Stunden am Tag und mach sogenannte Powernaps während des Tages, falls du ein Bedürfnis nach Erholung verspürst. Schlaf ermöglicht deinem Körper, sich von den Trainingsstrapazen zu erholen, denen er täglich ausgesetzt ist. Es ist außerdem eine gute Zeit für deinen Körper, um sich zu erholen, damit du dein Training am Folgetag fortsetzen kannst. Schlaf ist eine großartige Möglichkeit, deinen Körper von dem angesammelten Stress des Tages zu befreien. Schlafen ist wichtig, also gewährleiste eine angemessene Anzahl Stunden an Schlaf jede Nacht.

**Schritt 5:** An deiner kardiovaskulären Ausdauer zu arbeiten ist eine großartige Möglichkeit deinen Stoffwechsel zu beschleunigen und dein Herz zu stärken. Versuche so viele aerobe Übungen wie möglich durchzuführen, ohne dich dabei zu verletzen. Neben statischen Übungen und Dehnen stellen aerobe Übungen eines der wichtigsten Tools dar, um einen höheren Ruheumsatz zu haben – genau das, worüber wir im letzten Kapitel gesprochen haben. Einige gute Übungen, die du zum Crosstraining verwenden kannst, sind: Laufen, Schwimmen, Springen, Inline-Skaten, Skifahren, Rudern, Karate sowie eine Kombination aus den genannten Sportarten. Eine gute kardiovaskuläre Übung, die du nach dem Mittagessen machen kannst, ist Treppenlaufen bei niedriger Geschwindigkeit und niedriger Intensität. Wenn du in einem Gebäude mit Treppenräumen wohnst oder arbeitest, nutze diese Gelegenheit. Ein Gebäude mit zwei Etagen reicht bereits aus, da du dieselben Stufen immer wieder auf und ab laufen kannst. Mache dies mindestens 5 Minuten lang, damit es sich auch wirklich lohnt. Versuche nach dem Essen neben dem Treppenlauf immer eine weitere Form der aeroben Übung mit niedriger Intensität durchzuführen. Dies mag eine der wichtigsten Schritte sein, die du hin zu einer besseren Gesundheit und Fitness durchläufst.

Unser Ziel in diesem Kapitel ist es, deinen Stoffwechsel anzuregen. Indem du so aktiv wie möglich während des Tages bist und so deinen Ruheumsatz steigerst. Ein schnellerer Stoffwechsel hilft deinem Körper schlank und fit zu bleiben, aber du solltest darauf achten, dies natürlich (ohne die Nutzung künstlicher Substanzen) und Schritt für Schritt zu tun, so dass die Fortschritte über Monate und Jahre hinweg leicht bewahrt werden können.

## EINE EINFACHE ERKLÄRUNG ÜBER DAS ABBAUEN, AUFBAUEN UND HALTEN DES KÖRPERGEWICHTS

Abbauen, aufbauen und halten von Gewicht ist simple Mathematik. Wenn du 1 Einheit Nahrung zu dir nimmst und 1 Übung durchführst, wirst du eine einfache mathematische Formel haben, die folgendermaßen aussieht.

$$1 - 1 = 0$$

Das bedeuted, dass wenn du dieselbe Anzahl an Übungen durchführst, wie du Einheiten Essen zu dir nimmst, solltest du kaum oder gar kein Gewicht hinzugewinnen.

Wenn du jetzt eine Einheit Nahrung zu dir nimmst, aber „0" Einheiten Übungen, wird die Gleichung so aussehen:

$$1 - 0 = 1$$

Du wirst demnach „1" Einheit Gewicht zugenommen haben (Ich nutze hier den Begriff „Einheit", um die Dinge zu vereinfachen, meine damit aber die Menge an Gewicht.). Das bedeutet, dass du an jedem Tag, an dem du isst, aber nicht trainierst, Gewicht zulegen wirst, da du einen Überschuss hast.

Wenn du abschließend „1" Einheit Nahrung zu dir nimmst und „2" Einheiten Übungen durchführst, wird die Gleichung folgendermaßen aussehen:

$$1 - 2 = -1$$

Du wirst also eine Einheit Gewicht abgebaut haben.

*Wichtiger Hinweis: Keine Nahrung zu sich zu nehmen (gar nichts zu essen) ist keine Option, da es mehr Schaden anrichten wird, als Gutes dabei herauskommt.* Anstatt deine Ziele zu erreichen, wirst du sie hinauszögern und ebenso irreversible gesundheitliche Probleme hervorrufen. Du brauchst Nahrung zum Überleben. Es ist ein Grundbedüfnis des Lebens.

## WAS DAS ALLES BEDEUTED?

Die Anzahl und Qualität der Übungen, die du ausführst, wird darüber entscheiden, ob du Gewicht abbaust, aufbaust, oder hälst. Abhängig von deinen Zielen kann dies dein Leben gesünder machen. Achte nur darauf einem Ernährungsplan zu folgen, der für dich und deinen Lebensstil passend ist. Vergewissere dich in Kapitel 1, was du essen solltest und wie viel hiervon. Achtung! Geh nicht ins Extreme. Einige Menschen werden durch extreme Ernährung krank, da diese deutlich mehr Schaden als Nutzen anrichten können. Nachfolgend einige Beispiele von Extremen, die du versuchen solltest zu vermeiden:

### BEISPIEL 1

Die reine Aufnahme von Zucker und Fett, OHNE Essen mit Nährwert zu sich zu nehmen, wird dein Leistungspotenzial verringern und die Qualität deiner Gesundheit über Jahre verschlechtern. Eine ausgewogene Ernährung ist notwendig, um fit zu bleiben. Auch wenn es nich als extreme Ernährung angesehen wird, solltest du dennoch von abgepacktem und abgefülltem Essen sowie solchem mit hohem Gehalt an nicht-natürlichen Fetten fernbleiben. Natürliche Quellen von Fett sind Avocado, Nüsse, Olivenöl, etc. Diese sind gut für dich, aber nur in der richtigen Menge.

## BEISPIEL 2

Du wärst ein Athlet, der viel Kardio-Übungen macht, aber keine Kohlenhydrate wie Brot, Reis oder Nudeln zu sich nimmt. Dies kann deine Leistung wie auch dein Wohlbefinden ernsthaft beeinträchtigen. Kohlenhydrate ganz aus deinem Ernährungsplan zu streichen ist keine weise Entscheidung. Sollte dies bei dir der Fall sein, solltest du Kohlenhydrate im Tagesverlauf zu dir nehmen, um die Energiereserven für deinen Körper aufrecht zu erhalten. Du kannst weiterhin dein Körpergewicht kontrollieren, aber du musst ein bestimmtes Minimum an Nährstoffen aus verschiedenen Nahrungsmittelgruppen zu dir nehmen, darunter auch Kohlenhydrate.

## BEISPIEL 3

Viel essen und nicht trainieren. Genau das soll dieses Buch verhindern. Dieses Buch wird dir definitiv helfen, fitter zu werden und deine Figur dahin zu verbessern, wo du sie immer schon als Kraftsportler haben wolltest. Mach es zu einer Priorität deine Ernährung mit deinem täglichen kardiovaskulären Training abzustimmen.

## BEISPIEL 4

Nicht genug zu schlafen kann einen starken Einfluss auf deine mentale und körperliche Kondition während eines Trainings oder Wettkampfs haben. Schlaf ermöglicht dir, dich zu erholen und bessere Leistung in allen Situationen des Lebens zu zeigen. Unternimm die erforderlichen Schritte, um die Menge und Qualität deines Schlafes zu kontrollieren.

**KAPITEL 4**

# BESSERE LEISTUNG DURCH ANTIOXIDANTIEN

*Verändere deinen Lebensstil jetzt, um nachhaltige Ergebnisse und schnellere Erholungszeiten zu erlangen*

Eine Zahl von Elementen in unserer Umwelt, wie Sonnenstrahlen oder Verschmutzung, kann eine Oxidation in unserem Körper hervorrufen, die eine Produktion von giftigen Chemikalien, freie Radikale genannt, verursacht. Freie Radikale können zu ernsthaften Zellschäden führen, die der Ausgangspunkt für schnellere Alterung, Krebs und andere Krankheiten sind. Freie Radikale sind hoch reaktionsfreudig und stellen eine große Bedrohung dar, da sie durch Reaktion mit den Zellmembranen eine Kettenreaktion in Gang setzen und den Tod dieser Zellen hervorrufen. Antioxidantien sind Moleküle, die helfen können, diese freien Radikale zu zerstören, so dass der Körper frei von den mit ihnen verbundenen Gefahren sein kann. Darüber hinaus sollten Athleten ein starkes Interesse an ihnen haben, aus gesundheitlicher Sicht und aus Gründen der gesteigerten Leistung und / oder Regenerationszeiten nach dem Training. Antioxidantien funktionieren derart, dass sie mit den freien Radikalen reagieren und die Kettenreaktion unterbrechen, die den Tod der DNA-Zellen verursachen.

Die Hauptquellen von Antioxidantien sind:

**1. Vitamin E:** Es ist ein Antioxidantium und hilft den Zellen, sich vor Schaden zu schützen. Es ist außerdem wichtig für die Gesundheit der roten Blutkörperchen. Vitamin E kann in vielen Lebensmitteln, wie Speiseölen, Nüssen und grünem Gemüse gefunden werden. Avocados, Weizenkeime und Vollkorn sind ebenfalls gute Quellen dieses Vitamins.

**2. Beta-Carotine:** Es ist ein Vorprodukt des Vitamin A (Retinol) und in Leber, Eigelb, Milch, Butter, Spinat, Karotten, Tomaten und Getreide enthalten.

**3. Vitamin C:** Es wird benötigt um Kollagen zu bilden, ein Stoff der hilft Zellen zusammen zu halten. Er ist Grundlegend für gesunde Knochen, Zähne, Gelenke und Blutbahnen. Er hilft dem Körper Eisen und Kalzium zu absorbieren sowie Wunden zu heilen und trägt zur Gehirnfunktion bei. Du findest hohe Mengen n Vitamin C in roten Beeren, Kiwis, rot- und grünkörnigem Pfeffer, Tomaten, Brokkoli, Spinat, Guavasaft, Grapefrucht und Orange.

**4. Selen:** Ein Spurenelement sowie ein wichtiges Antioxidantium.

Dein Immunsystem zu stärken wird dir helfen, Antioxidantien abzubauen und dich von freien Radikalen zu schützen – all das kann durch Training erzielt werden. Aus diesem Grund wird eine Kombination aus kardiovaskulärem Training und Gewichtstraining im Zusammenspiel mit dem Ergänzen deiner Ernährung durch Antioxidantien deine Leistung verbessern und Tage mit niedriger Energie oder Krankheit verringern. Durch die Einnahme von Antioxidantien wird deine Erholungsphase schneller, so dass du früher als normal einen Wettkampf bestreiten kannst.

## *Projeziere das richtige Bild durch eine bessere Körperhaltung um mehr zu gewinnen*

Studien haben gezeigt, dass Athleten, die ein starkes positives Image projezieren, erfolgreicher sind und ein stärkeres Immunsystem haben. Ein starkes Immunsystem wird dich gesünder halten und weniger anfällig für Verletzungen. Dies kommt der Chance gleich mehr zu gewinnen, da du einfach öfters einen Wettkampf bestreiten kannst.

Eine klare Entwicklung von den Höhlenmenschen bis zu uns heute ist die Haltung. Aus mancherlei Gründen sehen einige Athleten so aus, als ob sie genau aus dieser Zeit kämen. Vielleicht haben einige Athleten die gekrümmte Figur, da sie keine Übungen zur Stärkung der Flexibilität und der Rückenmuskulatur durchführen oder wegen eines mangelnden Selbstbewusstseins. Was auch immer der Grund sein mag, die Körperhaltung eines Athleten sagt viel darüber aus, was er fühlt und was er seinen Kontrahenten gegenüber ausstrahlt. Deiner Konkurrenz mangelndes Selbstbewusstsein zu zeigen wird diese nur motivieren, noch besser zu sein. Um als Athlet erfolgreicher zu sein, zeige eine bessere Haltung auch wenn du dich nicht in einem Wettkampf befindest.

Viele von uns vergessen, dass wenn wir älter werden unser Rücken noch krümmer wird und es noch schwieriger wird eine gerade Haltung zu bewahren. Ich würde lieber daran arbeiten, jetzt eine gute Haltung zu haben als später, denn später mag vielleicht nie kommen. Ich vergaß zu erwähnen, dass eine ungerade Körperhaltung dich auch dicker aussehen lässt. Wenn du also dünner aussehen willst, fang an aufrecht zu gehen! Aus diesen und vielen weiteren Gründen ist es essentiell auf seine Körperhaltung zu achten.

Von vielen wurde dieser Fakt übersehen, aber er kann dir helfen eine bessere Figur zu bekommen, schneller als du dir vorstellen kannst. Wusstest du, dass durch einen ungeraden Gang deine Bauchmuskeln schlaffer werden und dies einen Einfluss auf die Form der Bauchmuskulatur hat? Keine gute Angewohnheit, die man haben sollte. Durch einen aufrechten Gang trainierst du tatsächlich deine Muskeln.

## Haltung ist eine Sache der Gewohnheit

Du musst dich permanent darauf konzentrieren, eine aufrechte Körperhaltung einzunehmen. Konzentriere dich darauf, eine gute Haltung einzunehmen, wenn du gehst, wenn du sitzt und wenn du stehst. Haltung ist auch sehr wichtig während dem Essen, da es deinem Verdauungssystem hilft die Nahrung leichter hindurchzubefördern als wenn du eine gekrümmte Haltung hast. Deine Nahrung besser zu kauen kann dazu beitragen, dass du Verdauungsprobleme wie Sodbrennen oder andere reduzierst oder besser gar vorbeugst.

*Bedenke auch, dass egal wie hart du trainierst und was für einen tollen Körper du haben magst, wenn du eine krumme Haltung einnimmst, verdirbst du das gesamte Bild (das Bild von dir selbst und jenes, welches du auf andere projezierst) und machst all den Aufwand zu Nichte. Aus diesem speziellen Grund, möchte ich dich daran erinnern, wie wichtig es ist sich darauf zu fokussieren und daraus eine Gewohnheit zu machen, in aufrechter Haltung zu stehen, sitzen und gehen.*

## Zentrale Punkte für eine bessere Figur:

1. Deine Schuldern sollten entspannt unter deiner Nackenhöhe sein.
2. Deine Brust sollte hervorstehen und die Schultern zurück.
3. Dein Kopf sollte senkrecht zum Boden sein (Stell dir vor, eine gerade Linie von der Stirn zum Boden zu zeichnen.).
4. Deine Augen sollten auf den Horizont gerichtet sein, NICHT auf den Boden.

*Nachfolgend einige Beispiele verschiedener Haltungen, um dir die Sache zu verdeutlichen.*

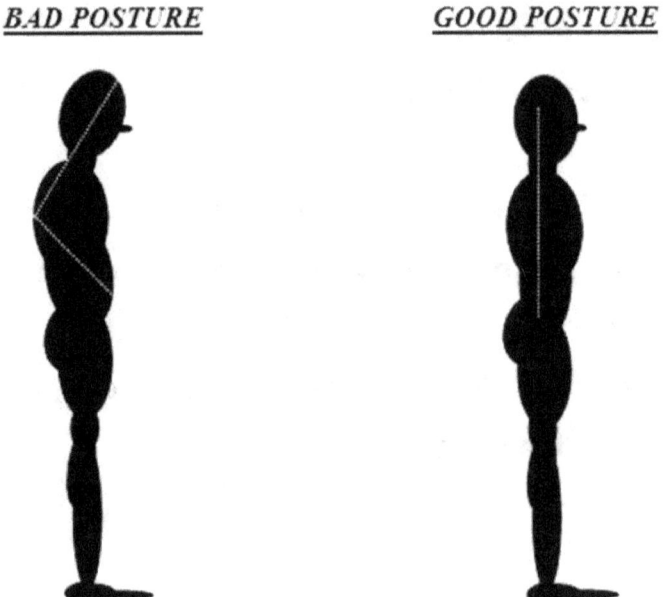

Die erste Zeichnung zeigt, wie das Absenken des Kopfes eine vornüber gebeugte Haltung hervorruft. Die zweite Zeichnung zeigt eine perfekt aufrechte Haltung. So sollte es aussehen, wenn du aufrecht stehst.

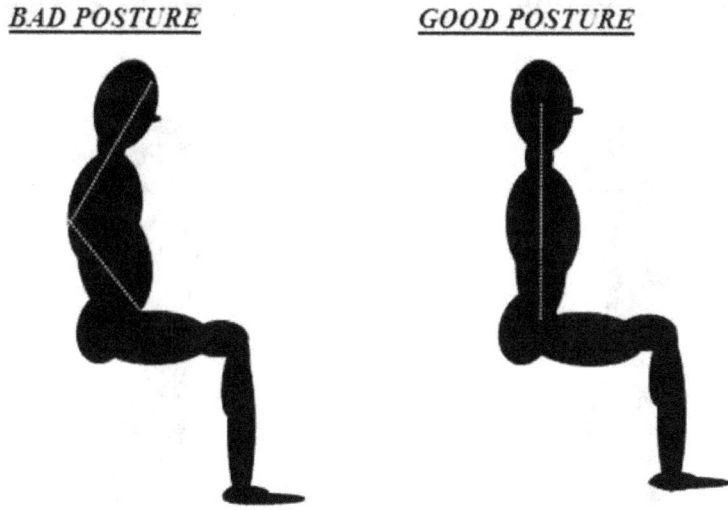

Die erste Zeichnung zeigt, wie du nicht sitzen solltest, wie du anhand der geduckten Haltung und der nach vorne gekrümmten Bauchregion erkennen kannst. Die zweite Zeichnung zeigt eine perfekt aufrechte Körperhaltung mit dem Gesicht geradeaus und eingezogener Bauchregion.

**_BAD POSTURE_**     **_GOOD POSTURE_**

 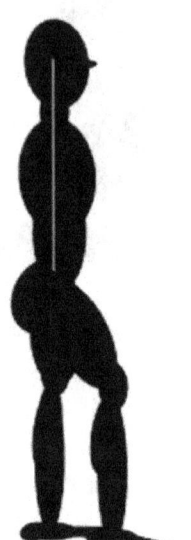

Die erste Zeichnung zeigt eine unkorrekte Ganghaltung mit nach vorne gebeugtem Rücken und dem Gesicht zum Boden gewand. Die zweite Zeichnung zeigt eine korrekte Ganghaltung mit geradem Rücken und Gesicht geradeaus. Du kannst feststellen, dass die Bauchregion nicht nach außen gestreckt ist, wie im ersten Bild.

## KAPITEL 5

# DU BIST WAS DU ISST

*Verpflichte dich, deinen Körper und Geist zu verbessern*

Klingt das seltsam in deinen Ohren? „Du bist was du isst." Es ist eine einfache Aussage mit großer Bedeutung. Was du während des Tages oder Finanzieren des Lebensunterhaltes tust, definiert die Arten von Aktivität, die du körperlich und geistig durchführst. Du wirst zu einer aktiveren oder sesshafteren Person, abhängig davon, wie du deine Zeit verbringst und was du isst. Dies bestimmt letztendlich, wer du bist.

**Deine Gewohnheiten ändern**

Ändere deine Gewohnheiten, indem du deine Ernährung und deinen geistigen und körperlichen Lebnsstil änderst. Das bedeuted, dass du dieselben Dinge tun kannst, die du bereits tust, nun aber einige Nahrung durch gesündere, organischere ersetzt. Im Laufe der Zeit wirst du dich stärker, flexibler und voller Energie fühlen wegen der Nährstoffe, mit denen du deinen Körper versorgst. *Wie kommst du vom Verzehr minderwertigen Essens hin zu gesundem?* Dies wird im Wesentlichen durch Disziplin und Beständigkeit erreicht. Nutze den täglichen Ernährungsplan im ersten Kapitel dieses Buchen als Richtlinie, um hier hin zu gelangen. Mit der Zeit wirst du das korrekte Essen in eine Gewohnheit verwandeln und genau das sollte eines deiner Hauptziele sein.

**Das Beste aus deiner speziellen Situation machen**

Fühl dich niemals schlecht wegen dirselbst. Es gibt immer jemanden in einer schlimmeren Situation. Wenn du Rückenschmerzen hast und es weh tut, wenn du gehst, gibt es wahrscheinlich jemanden, der überhaupt nicht gehen kann – sei also dankbar. Wenn du Knieprobleme hast, sei glücklich über deine Beine und beschwer dich nicht. Diese Beispiele sind ein wenig drastisch, aber auf den Punkt. Wenn du loslegst musst du sicher sein, dass du keine Ausreden hast und du nicht wegen irgendwelcher Ausreden das Training beendest. Wenn dein Rücken schmerzt, schwimme. Wenn deine Knie schmerzen, stärke sie oder arbeite an deinem Oberkörper. Wenn deine Schultern schmerzen, trainiere deine Bauchmuskeln oder Beine. Lerne zu improvisieren.

**Unterschiedliches Klima**

Wenn du in einer Gegend mit schrecklichem Wetter lebst, solltest du dir keine allzu großen Sorgen machen, da die meisten diesr Übungen auch im Inneren ausgeführt werden können. Wenn es heiß draußen ist, dann nutze das Training im Schwimmbad. Wenn es kalt draußen ist, führe die Übungen drin aus. Mache nur nicht nichts.

**Wenn du denkst, einen besseren Ernährungs- oder Trainingsplan zu haben sei teuer**

Wenn das der Fall ist, versuche Alternativen zu den Nahrungsmitteln in diesem Buch zu finden. Statt in einen großen Supermarkt zu gehen, versuche einen Discounter oder Großhandel aufzusuchen. Wenn du die Absicht hast, dich an den Ernährungsplan zu halten, benötigst du einen Vorrat über mehrere Monate hinweg, so dass du diesen im Voraus kaufen kannst und durch die Menge Kostenvorteile erzielen kannst. Eine andere Art Geld zu sparen ist es, einen Trainingspartner zu finden, der mit dir arbeitet und die Kosten für das Essen mit dir teilt. Lass Geld nie der Grund sein, nicht in einer besseren Form oder gesünder zu sein!

**Erinnere dich immer dara, diesen Trainings- und Ernährungsplan zu befolgen**

Eine einfache Art dich daran zu erinnern, diesem Trainings- und Ernährungsplan zu folgen ist es, dieses Buch immer mit dir zu führen. Auf diese Weise hast du die Übungen immer zur Hand. Eine andere Art dich daran zu erinnern, dass du trainieren musst und zur richtigen Zeit isst, ist das Tragen einer Armbanduhr mit Alarm. Diese kann dich jede Stunde oder alle drei Stunden daran erinnern, dass du dich um dich selbst kümmern musst. Wenn dich die Uhr stört, habe ich eine andere großartige Alternative, um dich zu erinnern. Versuche deine Trainingskleider und Schuhe auf dem Boden neben deinem Bett zu platzieren. Jedes Mal wenn du aufstehst und zur Tür gehst, wirst du deine Schuhe sehen und dich daran erinnern, was du machen musst. Wenn du deine Kleider und Schuhe bei der Tür lässt, weißt du, dass du den Raum nicht verlassen solltest, bevor du das Training beendet hast. Du musst dich vorbereiten, um Erfolg zu haben und genau so geht es. Hilf dir selbst, indem du diese kleinen Dinge tust, die jeden Tag einen großen Unterschied machen.

**Achte darauf, Ablenkungen zu widerstehen**

Geh zum Kühlschrank und nimm all das Essen heraus, das du nicht essen solltest. Reinige den gesamten Kühlschrank falls nötig. Ordne die Einlegeböden, so dass du weißt, was du zum Frühstück, Mittagessen und Abendessen zu dir nehmen solltest. Mach es deinem Selbst leicht das zu essen, was es essen sollte. Bewahre nur frisches Essen auf, da du nicht krank werden möchtest. Viele Leute haben ihren Kühlschrank voll mit Dingen, die sie Monate zuvor eingelagert und bislang auch bei abgelaufenem Haltbarkeitsdatum nicht entsorgt haben.

Bewahre Obst und Gemüse nur in verschließbaren Beuteln im unteren Bereich des Kühlschranks auf, um sicherzustellen, dass diese so frisch wie möglich bleiben. <u>Platziere deinen Ernährungsplan auf der Außenseite des Kühlschankes, in deinem Zimmer und in deinem Büro, um immer darauf fokussiert zu sein.</u>

## Lass dich von anderen nicht unterkriegen

Du solltest dein größter Fan sein, dich anfeuern und dich dazu motivieren, dich jeden Tag an den Trainings- und Übungsplan zu halten. Wenn dir andere Leute sagen, dass du den Ernährungsplan nicht durchhalten oder das Training nicht durchziehen wirst, halte dich von diesen Leuten fern. Wenn du diese Leuten nicht fernbleiben kannst, lerne die Aussagen zu unterscheiden in das, was es nicht wert ist und das, was dir etwas bringt. Du hast Radio- und TV-Werbung, Shows und Rauschen. Konzentrierst du dich auf das Rauschen, die Musik oder die Werbung? Genu so verhält es sich im Leben. Du wirst immer jemanden haben, der nur einen Kommentar von sich gibt, um anderen seine Ideen oder negative Auffassung aufzuzwingen. Diskutiere nicht; finde stattdessen Leite, die dasselbe wie du erreichen wollen. Suche nach Leuten, die dir helfen können, fokussiert zu bleiben und wirklich wollen, dass du erfolgreich bist. Umgib dich mit positiven, beflügelnden Menschen. Auch wenn dich andere runterbringen, zeig ihnen dass du es durch die Diät schaffen kannst und wirst. Beweise deinen

Kindern, dass du alles schaffenn kannst, was du dir in den Kopf setzt, egal wie schwer es erscheinen mag.

Wenn du einen Mangel an Motivation bei dir feststellst, möchte ich, dass du folgendes liest:

- ✓ Ich werde mein Training heute durchziehen.
- ✓ Ich werde mich an meinen Ernährungsplan halten und nicht davon abweichen.
- ✓ Ich bin der einzige, der entscheiden kann, ob ich erfolgreich bin oder nicht.
- ✓ Es liegt in meiner Verantwortung, mein Training und meine Ernährung zu verfolgen.
- ✓ Ich kann es tun, also mache ich es auch.
- ✓ Ich bin das Ergebnis meiner Handlungen.
- ✓ Ich glaube an mich selbst und mein Potenzial.

*Wenn du das liest, wirst du dich deutlich besser fühlen und es wird sich in deinen Handlungen zeigen!*

## Schreibe 10 Gründe auf, warum du denkst, dass du mit diesem Ernährungs- und Übungsplan Erfolg haben wirst:

1.

2.

3.

4.

5.

6.

7.

8.

9.

10.

Wenn du einen schlechten Tag hattest lies dir durch, was du gerade eben oben vermerkt hast. Denke daran, was in deinem Kopf vorging als du diese 10 Gründe aufgeschrieben hast, und woran du jetzt denken solltest. Jeder hat gute und schlechte Tage. Der Schlüssel liegt darin, so gut wie nur möglich durch die schlechten Tage hindurchzukommen, so dass die guten Tage umso besser werden können. Die Ergebnisse von heute werden das Produkt der Anstrengungen der Tage zuvor sein.

**Notiere dir 5 körperliche Veränderungen, die du sehen möchtest, wenn du diesen Ernährungs- und Übungsplan abgeschlossen hast:**

1.

2.

3.

4.

5.

**Notiere 5 mentale oder emotionale Veränderungen, die du erreicht haben möchtest, wenn du diesen Ernährungs- und Übungsplan abgeschlossen hast:**

(z.B.: Ich möchte positiver sein, Ich möchte glücklicher über mich selbst und mein Aussehen sein, Ich möchte weniger Streß in meinem Leben haben, Ich möchte jeden Tag mehr Energie verspühren, etc.)

1.

2.

3.

4.

5.

**Notiere 10 Ziele, die du bezüglich Ernährung, Training und deinem Leben im Allgemeinen hast. Das Durchführen dieses Ernährungs- und Trainingsplans sollte Teil deiner allgemeinen Ziele sein:**

1.

2.

3.

4.

5.

6.

7.

8.

9.

10.

**KAPITEL 6**

# DAS GEHEIMNIS, DIE BESTEN MUSKELN ALLER ZEITEN ZU HABEN

*Hol dir das Aussehen, das du wirklich willst*

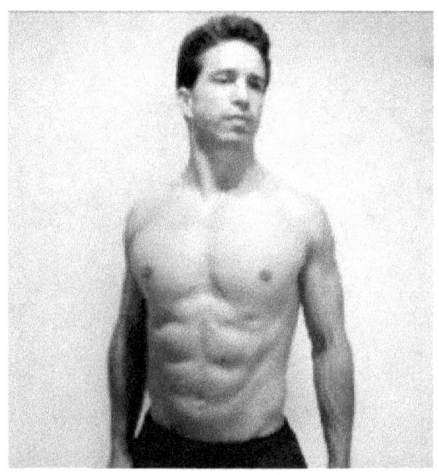

Das Geheimnis, die besten Muskeln aller Zeiten zu haben, ist Abwechslung. Du musst verstehen, dass deine Bauchmuskulatur in verschiedene Abschnitte unterteilt ist, die verschiedene Übungen benötigen, um maximale Ergebnisse zu erzielen. Deine Muskulaur ist wichtig, unabhängig welcher Sportart du nachgehst, daher solltest du dir oft Zeit nehmen, daran zu arbeiten.

Deine *obere Bauchregion* ist anfangs leicht zu definieren, da sie bei den meisten Übungen in Form kommt.

*Seitenmuskeln* sind im Grunde genommen die Seiten um deine Taille herum. Sie helfen dir, die anderen Muskelregionen zu betonen, wenn du hart an ihnen arbeitest.

Die *mittlere Sektion* ist der Bereich zwischen deiner oberen und unteren Bauchregion, welche großartig aussieht, wenn du sie erst einmal definiert und gefestigt hast.

Der am schwersten zu formende Bereich ist deine *untere Bauchregion*. Diese erfordert Bein-intensive Übungen wie: Gehen, Laufen, Schwimmen, Inline-Skaten, Skifahren, Springen, etc. Aerobe Übungen bewirken Veränderungen in deiner unteren Bauchregion sowie deinem gesamten Körper. Deine unteren Rückenmuskeln sind ein wichtiger Teil all deiner Übungen. Warum das so ist? Wenn du nur deine Bauchmuskeln trainierst werden sich diese zusammenziehen und dich in eine kauernde Haltung versetzen. Indem du deinen *unteren Rücken* trainierst, gleichst du die Muskelbewegungen aus. Dies hilft deinem

Körper in die richtige (aufrechte!) Haltung zu kommen. Dies wiederum wird deinen Muskeln helfen, da sie ordentlich und gerade ausgerichtet sein können und nicht abgekrümmt.

Die Atmung während deinem Bauchmuskeltraining ist ein wichtiger Faktor, um schnelle Resultate zu bekommen. Die Arbeit an deiner Atmung hilft dir, die meisten deiner Bauchmuskeln zu beanspruchen. Dies kann dir helfen, stärkere und noch besser betonte Muskeln mit der Zeit zu bekommen. Versuche auszuatmen, wenn du deine Muskeln mit jeder Wiederholung anspannst.

Jede Wiederholung, bei der du ausatmest, wird für drei oder vier Wiederholungen zählen, die du ohne ohne Ausatmen machst. Du kannst also weniger Wiederholungen machen und immer noch dieselben Ergebnisse erhalten. Dein Körper wird dir definitv dafür danken, effizienter zu sein.

Ich glaube fest an Crosstraining, was bedeuted, dass man andere Sportarten oder Aktivitäten macht, die die eigene Hauptsportart fördern. Daher empfehle ich Crosstraining mit anderen Sportarten, die dir Spaß machen, aber ein geringes Verletzungsrisiko haben. Schwimmen ist optimal aufgrund der großen Zahl an Bauchmuskeln die beansprucht und wieder entlastet werden. Leute, die Knieprobleme, Rückenschmerzen oder ähnliche Probleme hatten, können mehr Zeit im Schwimmbad verbringen und dieselben oder gar besseren Resultate erzielen, als ohne.

Die Verbindung aus Übungen für den oberen und unteren Bauchbereich wird dir helfen, gut geformte Bauchmuskeln zu erlangen, du musst aber dennoch darauf achten auch die seitliche sowie Rückenmuskulatur zu trainieren. Wenn du zu stark an deinen Bauch- und nicht genug an deinen Rückenmuskeln arbeitest, wird das ein Ungleichgewicht verursachen und zu einer gekrümmten Haltung im Sitzen und Stehen führen. Achte daher darauf, die Rückenmuskulatur ebenfalls zu trainieren. Durch eine Kombination von Übungen, die alle Bauchmuskelgruppen beanspruchen, wirst du eine starke Muskulatur erhalten. Denke aber daran, dass gute Kardioübungen dir am schnellsten helfen, Gewicht zu verlieren. Intensive Kardioübungen in Kombination mit Bauchmuskelübungen werden dir schnellere Ergebnisse liefern.

Dehnen ist ein ausgezeichneter Weg, um Verletzungen vorzubeugen und den Körper zu formen. Den Körper in genau die Form zu bringen, die du wirklich willst, erfordert Dehnübungen. Darüber hinaus wirst du dich auch nicht steif fühlen. Ich habe festgestellt, dass Dehnen vor und nach dem Training vor Muskelkater schützt, besonders am Tag nach dem Training. Nimm dir daher die Zeit, dich gut zu dehnen.Die Dehnübungen, die ich im letzten Kapitel beschrieben habe, sind sehr gut für deinen Körper. Du solltest sie in deinem eigenen Tempo austesten und dich langsam hin zu anspruchsvolleren Leveln steigern.

Denk daran, einen Tag in der Woche freizunehmen, um deinen Muskeln Erholung zu gewähren. Wenn du das Gefühl hast, dass du jeden zweiten Tag eine Auszeit brauchst, ist das auch in Ordnung. Sich jeden Tag ein Stück zu steigern ist der Schlüssel zum Erfolg. Ein Schritt vorwärts ist besser als drei Schritte vorwärts, gefolgt von einer Verletzung und demzufolge vier Schritten zurück.

*Dies ist kein Rennen. Führe daher das Training in deiner eigenen Geschwindigkeit aus, nicht in der eines anderen!*

Die beste Art, um Bauchmuskeln zu trainieren, ist Zirkeltraining. Zirkeltraining der Bauchmuskulatur bedeutet, verschiedene Übungen zu machen und diese dann in wiederkehrenden Durchläufen zu wiederholen. Eine visuelle Darstellung ist auf den Folgeseiten zu finden. Wenn du konstant die Bauchmuskelübungen wechselst, können sich manche Muskelgruppen erholen, während andere arbeiten.

## Mein bevorzugtes Bauchmuskeltraining

1. Fallrückzieher
2. Füße hoch und Hände hinter den Kopf – dann Bauchmuskeln anspannen.
3. Oberkörper anziehen, Hüften nach oben strecken, dann wieder zurück
4. Oberkörper erst zum rechten Knie hinziehen, dann zum linken, dann mittig zu beiden
5. Seitenlage, Knie & Ellbogen anziehen
6. Rudern mit Gesicht zum Boden
7. Arme und Beine vom Körper wegstrecken – dann zusammen

Führe jeweils 15 Wiederholungen aus und wiederhole den gesamten Ablauf 3 Mal. Wenn du dich mit der Zeit besser fühlst, versuche die Zahl der Wiederholungen auf 20 und mehr zu steigern und den Ablauf 5 Mal durchzugehen.

Achte darauf, deine Bauch- und Rückenmuskulatur mit den diesen drei Übungen am Ende des Trainings zu dehnen:

1. Bauchdehnung
2. Rückendehnung
3. Seitendehnung

Wenn du mit den Dehnübungen fertig bist, bewahre eine aufrechte Körperhaltung während des Tages, um deine Hauptmuskulatur in Form zu halten. Viele Leute trainieren ihre Muskeln, gehen dann aber mit krummem Oberkörper durch die Gegend, was kontraproduktiv ist. Mach diesen Fehler nicht. Bewahre eine aufrechte Haltung und du wirst schnellere Ergebnisse sehen!

## 1. Fallrückzieher

## 2. Füße hoch und Hände hinter den Kopf – dann Bauchuskeln anspannen

3. Oberkörper anziehen, Hüften nach oben strecken, dann wieder zurück

## 4. Oberkörper erst zum rechten Knie hinziehen, dann zum linken, dann mittig zu beiden

## 5. Seitenlage, Knie & Ellbogen anziehen

## 6. Rudern mit Gesicht zum Boden

## 7. Arme und Beine vom Körper wegstrecken – dann zusammen

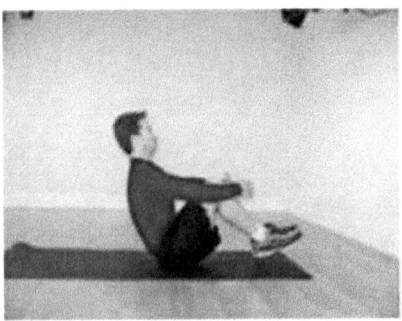

# Dehnübungen zum Abschluss:

## 1. Bauchdehnung

## 2. Rückendehnung

## 3. Seitendehnung

www.ingramcontent.com/pod-product-compliance
Lightning Source LLC
Chambersburg PA
CBHW070146080526
44586CB00015B/1865